Da Chengshi Liudong Renkou Fei Zhenggui Jiuye
yu Shehui Kongjian Fenhua YanJiu

大城市流动人口非正规就业与社会空间分化研究

孟庆洁　郭　睿／著

上海社会科学院出版社
SHANGHAI ACADEMY OF SOCIAL SCIENCES PRESS

本书得到国家自然科学基金项目"上海市乡城流动人口生活方式的空间映射及其影响研究"（41641005）和"中国居民生育行为的地理模式及其社会空间辩证法研究"（42371261）的出版资助。

前 言

　　社会空间具有广义和狭义之分,地理学意义上的社会空间往往指狭义的社会空间,狭义的社会空间又包括主观和客观的社会空间。本书是在城市空间这个客观的社会空间的框架下,研究非正规就业群体的主观社会空间与整体城市社会空间分化的关系。作为社会空间基础理论的社会空间辩证法指出,人类通过生产生活活动形塑空间的同时又受空间的影响和制约。人类的生产活动对个体而言主要是以就业的方式进行,因此作为一种就业方式的非正规就业从理论上和社会空间之间存在必然的联系;另外,不同群体在社会空间中的定位,是在多维坐标系下进行的,社会经济因素是其中的一个主要的维度,而就业又是社会经济因素中的主导因子,因此,也可以证明非正规就业与社会空间分化之间存在着必然的联系。非正规就业相对于正规就业有其显著的特点,上海市非正规就业群体规模之大、发展之快,也足以说明其对整体城市社会空间具有影响;市场经济、住宅商品化等使得社会空间分化在居住、就业、生活方式等方面得以印证。本书在论证非正规就业与社会空间分化关系的理论必然性的基础上,主要以闵行区的调查数据为样本进行了实证分析。居住空间是社会空间分化的主要表征,非正规就业群体居住区位郊区化、居住质量差、居住环境恶劣,居住迁移宏观上主要是以经济为动力、以劳动适龄人口为主、家庭迁移增强的态势的迁移,微观上受制于较差的经济条件,主要以短距离的区内迁移为主,并且是以工作变化为主要动因,并不是以提高生活质量为目的,还停留在基本生存的层面。该群体的职业类型以加工业、建筑业、家政业等靠体力劳动为主为生的职业为主,收入普遍偏低,劳动环境差,超时劳动、不签署劳动合同现象普遍,缺乏劳动保障,求职方式以基于血缘、地缘关系的求职为主,同正规就业群体的比较差异明显。就业区位和居住区位的关系,即居住区位对就业区位的依附程度也可以反映出不同群体在社会空间中的地位,美国关于弱势群体的居住区位与就业区位关系研究提出了著名的"空间不匹配"假说并进行了一定的拓展研究,发展了比较成熟的3种研究方法:(1)通勤的种族对比;(2)工作可达性对比;(3)城区和郊区居民的劳动力市场输出的对比。本研究在综合述评其研究进展的基础上,选择了非正规就业群体的通勤行为的研究,相比城市中正规就业的居民,无论是从时间还是距离上以及通勤方式的选择上,该群体都反映出以短距离通勤为主的特点,并且选择基于就业与居住区位高度耦合的一个典型区进行分析,分析其生产和生活状况。城市生活方式有别于农村,其内部也存在不同群体的差异,非正规就业群体的消遣空间表现出消遣方式单一、空间范围狭小、时间少的特点;消费空间表现出消费量小、消费结构以基本生活消费为主、消费场所大众化、低层次化的特点;交往空间体现出交往对象同质化、交往空间范围小、交往结果没有有效丰富其社会资源等特点。在进行实证分析的基础上,得出的结论是上海市非正规就业是促使社会空间分化的双刃剑,有社会空间极化的趋势,并提出减缓社会极化,提高该群体在社会空间中的地位,在宏观上应坚持的基本理念:城市需要可持续发展,可持续发展需要我们具有尊重弱势群体的意识,并且需要社会公正,社会公正需要政府从政策上、制度建设上扮演重要角色,城市规划是实现社会空间优化的有效途径,提高国家的综合实力是根本、也是有力保障。然后,结合前期的实证分析提出相应的解决措施。最后,提出进一步研究的方向、内容和目标。

目 录

前言 …………………………………………………………… 1

第一章 绪论 …………………………………………………… 1
  第一节 本研究的基本背景和意义 …………………………… 1
  第二节 本研究的研究对象、假设和思路与框架 ………… 3
  第三节 本研究的研究方法 …………………………………… 4
  第四节 本研究的特色 ………………………………………… 7

第二章 国内外有关理论的研究综述 ………………………… 9
  第一节 国外相关理论和政策的研究进展 …………………… 9
  第二节 国内研究进展 ……………………………………… 19

第三章 非正规就业影响社会空间分化理论和
       现实分析 ……………………………………………… 38
  第一节 非正规就业的定义 ………………………………… 38
  第二节 非正规就业的特点和发展趋势 …………………… 40

第三节　从非正规就业的基本理论看其对社会空间分化的影响…… 41
　　第四节　上海市非正规就业的发展现实对社会空间分化具有
　　　　　　影响……………………………………………………… 50

第四章　上海市非正规就业群体的居住空间……………………… 55
　　第一节　居住区位………………………………………………… 56
　　第二节　居住环境………………………………………………… 67
　　第三节　城市居住环境形成的影响因素………………………… 80
　　第四节　外来非正规就业群体的居住迁移与变更……………… 82

第五章　上海市非正规就业群体的就业空间……………………… 97
　　第一节　外来非正规就业群体的就业区位……………………… 98
　　第二节　职业类型………………………………………………… 102
　　第三节　就业途径………………………………………………… 108
　　第四节　外来非正规就业群体的收入状况……………………… 112
　　第五节　就业环境和劳动保障…………………………………… 115
　　第六节　就业的政策导向………………………………………… 119

第六章　上海市非正规就业群体的工作地与居住地关系………… 121
　　第一节　美国"空间不匹配"假说研究综述……………………… 122
　　第二节　上海市非正规就业空间与居住空间关系……………… 133
　　第三节　结论及原因分析………………………………………… 142

第七章　上海市非正规就业群体的城市生活方式………………… 149
　　第一节　消遣活动空间…………………………………………… 150

第二节　日常消费空间 …………………………………… 154
　　第三节　社会交往空间 …………………………………… 165
　　第四节　对城市生活方式的适应——留下来还是返回去 ………… 172
　　第五节　文化对城市生活方式的影响 ……………………… 174

第八章　结论 ………………………………………………… 176
　　第一节　非正规就业与社会空间分化关系 ………………… 176
　　第二节　上海市非正规就业与社会空间分化关系的作用机制
　　　　　　分析 ……………………………………………… 181
　　第三节　优化非正规就业群体社会空间的宏观理念 ………… 184
　　第四节　优化非正规就业群体社会空间的具体对策 ………… 188
　　第五节　进一步工作设想 ………………………………… 191

后记 …………………………………………………………… 193

第一章

绪　　论

第一节　本研究的基本背景和意义

自改革开放以来,我国社会经济进入了剧变时期。

一方面,随着以加入世界贸易组织为标志,对外开放进入了新的阶段,FDI(外国直接投资)稳步增长,中国经济加速了与世界经济的融合,中国经济越来越多地参与国际化分工与协作;随着我国市场经济体系的不断规范,区域经济的地方割据日渐式微,促使整个国家经济体系逐渐朝着"全国一盘棋"的目标迈进。这使得中国经济逐步走向规模化、集约化和高级化。与此相应地,社会分工不断细化和专业化,大量的就业机会应运而生。

另一方面,随着国家产业政策的不断调整,一些能耗高、工艺落后的产业逐渐退出历史舞台,使得一些产业工人"下岗"失业;社会保障体系的不断完善,企业劳动用工制度不断改革,也促使一部分人告别"铁饭碗",需要重新择业;与此同时,随着中国广大农村实行家庭联产承包责任制和生产形式逐渐向工业化的过渡,劳动力普遍剩余,大量农村人口涌入到大城市。

就业结构与产业结构存在着必然的联系,"克拉克定律"就揭示了经济发展过程中就业结构随产业结构变动的趋势和基本动因。即随着经济发展和人均收入水平的提高,劳动力逐渐从第一产业向第二产业和第三产业呈阶梯式转移。国内学者研究表明:下岗个人再就业和农民进城,主要是加入城市的第三产业,并大量采取"非正规就业"方式。相对而言,目前这些人的收入还比较低,社会与劳动保障待遇也相对较差,对于那些进城的农民工来说,社会劳动保障水平就更低了。因此许多经济、社会问题也越来越突出,社会空间极化和不同社会人群之间的相互隔离与歧视也越来越明显。

上海作为长三角经济的龙头,中国经济规模最大的城市,形成一个强大的磁场,既吸引了大量海内外资金,也吸引了全国各省市尤其是长三角地区农村剩余劳动力。使上海非正规就业规模空前庞大。因此,以上海为范例,对非正规就业与社会空间分化关系展开研究与分析,更具有典型意义。

日本学者山田浩之将城市本质特征简单地概括为:密集性、经济性、社会性。近年来,城市社会问题成为城市地理学的关注热点议题。研究城市非正规就业与城市社会空间分化两者的内在关系、作用和动力学机制,对研究城市社会分层的形成十分必要,对促进合理的层际流动和防止社会空间的极化具有重要理论意义。1983年LEY出版的第一本《城市社会地理学》标志着这一新学科的形成。它从城市社会群体入手,阐释了如何理解、认识社会群体对空间的利用而产生的结构模式,以及这一结构形成和变化的过程。中国城市地理学的起步较晚,自1978年后才得到迅速发展,其研究的重点一直偏重于城市经济地理,国内城市社会地理学还处于萌发阶段。本研究从城市社会地理学视角对上海市非正规就业与社会空间分化关系展开。

同时,这项研究还具有重要的社会意义。2022年10月16日,中共第二十次全国代表大会上,习近平总书记在报告中指出:"共同富裕是中国特色社会主义的本质要求,也是一个长期的历史过程。我们坚持把实现人民对美好生活的向往作为现代化建设的出发点和落脚点,着力维护和促进社会公平正义,着力促进全体人民共同富裕,坚决防止两极分化。"[1]把研究对象定位在非正规就业群体,尤其是外来流动人口,引起政府管理部门和城市中其他社会群体人们对他们的关注,对提高他们的社会地位和福利水平有所帮助,对整个城市的管理水平和文明程度也有好处,对促进整个社会的和谐与发展大有裨益。

第二节　本研究的研究对象、假设和思路与框架

研究对象是来自农村的非正规就业群体。根据以往的研究,我国非正规就业主要由三部分劳动力构成:(1)被旧体制抛出的失业下岗工人;(2)流入城市的农民工;(3)重返劳动力市场的阶段就业女职工和老年"补差"职工等[2]。按照这种划分,本研究则侧重对第二部分劳动力,即上海市来自其他地区农村的非正规就业群体的研究。

研究假设是上海市非正规就业与社会空间分化之间存在关系。基于上述假设,首先,从理论和实证分析两个层面论证非正规就业与社会空间分化之间存在关系;其次,提出并分析关系作用的机制及发展趋势;最后,概括理论和实证分析的结论,并提出解决措施。

本书的内容分三个部分共八章。

第一部分:绪论、相关理论及实践概述。主要对与非正规就业与社会空间分化关系有关的国内外研究理论及上海市发展现状进行述评,目的在于证明上海市非正规就业与社会空间分化存在关系的必然性。(第一章,第二章,第三章)

第二部分:实证分析。从影响社会空间分化主要维度居住空间(第四章)、就业空间(第五章)、居住与就业区位关系(第六章)、城市生活方式(第七章)等领域出发,研究非正规就业与社会空间分化关系。数据包括:社会调查数据(2005年,来自华东师范大学丁金宏教授主持、笔者参与的《上海市闵行区流动人口服务与需求调查研究》项目的问卷调查);上海市人口普查数据(五普2000年、六普2010年、七普2020年)、人口变动情况抽样调查数

据(2022年);笔者实地考察、调研数据,如个案访谈等。

第三部分:结论与思考。在前面第一部分和第二部分的基础上,对全文进行概括和总结,针对前面研究结果逐一提出解决相关问题的思路和具体的相应对策(第八章)。

第三节　本研究的研究方法

一、实证主义方法为主导

人文地理学的发展主要经历了经验主义、实证主义、人本主义和结构主义四种主要的思潮。不同的思潮对应着不同的方法论。经验主义基于经历过的事实,观察是其重点,强调综合和归纳的作用;实证主义方法论是一种对事实陈述的证实;人本主义研究个人世界,强调个别性和主观性而不是重复性和真理;结构主义方法论涉及理论建构。本研究主要采纳了实证主义的方法,并辅以典型调查和理论思辨,某种程度上反映了几种思潮的综合。作为人文地理学主要分支的社会地理学,其研究方法分为:局外人的研究方法和局内人的研究方法。局外人方法,即从一个远离现场的观察者的角度来描述社会地理学;局内人,则是以当事人的观点来呈现社会地理学。局外人研究又包括非空间性社会地理学和空间性社会地理学方法。该方法的特点是资料收集为基础,是一种实证研究方法,[3]即实证主义的方法。

哈维(D. Harvey)认为,任何城市空间理论必须研究空间形态和作为其内在机制的社会过程之间的相互关系。[4]城市形态指城市各个要素(如社会群体)的空间分布模式。"社会复杂程度的增加意味着社会空间的分化可能会有更多的差异轴,其中有些是从以前的社会所确立的结构中裂变出来而形成的。"[5]对于社会空间分化模式主要的切入视角为城市形态学和城市的物质结构,以及社会经济和社会文化模式。本研究探讨非正规就业群体的居住空间是从城市形态学和城市的物质结构方面进行比较研究,而对于就业空间的研究则侧重于社会经济视角,对于日常活动空间即主要是生活方式的研究则侧重从社会文化视角进行。

二、从微观尺度的典型调查是基础

典型调查是基础,因此调查样本的选择至关重要。本研究中,2005 年的问卷调查,选择闵行区的 8 个街镇作为调查区。基于以下思考:

(一)从"五普"到"七普"结果都表明,上海市外省市来沪常住人口主要分布在城郊接合部地区

"七普"数据显示该地区外来常住人口共有 547.45 万人,其中浦东新区外来人口数量最多,闵行区次之。从外省市来沪常住人口乡镇街道的分布可以更清楚地看到:(1)受地面交通的影响,上海的外来人口主要分布在市区的西南部。全市外来人口超过 2 万人的 57 个街道和镇中,2/3 以上位于西南部。(2)受市区人口扩散再分布的影响,本市外来人口呈环形地相对集中分布在内外环线间的区域内。

(二)闵行区优越的经济地理位置,对外来人口有强大的吸引力

1. 交通便捷

闵行区地处长江三角洲东南前沿,在上海市腹部,拥有水、陆、空立体化的完备交通网络,交通非常便捷。

2. 第二产业为主导

其产业结构的特点是以第二产业为主,其次是第三产业,最后是第一产业,产业结构类型为"二三一"型。闵行经济开发区是第二产业密集的地区,劳动力密集型产业占有一定比例,因此,对于外来人口有一定的需求。以外向型经济为龙头的闵行经济,连续多年保持快速健康增长,GDP 和财政收入自 2016 年至 2020 年年均增长率分别为 7.4% 和 6.8%。尽管闵行区人口自然变动处于持续低增长和负增长状态,但是由于经济快速发展,对外来人口形成强大的吸引力。

3. 生活成本较低

由于闵行区地处上海市区的城郊接合部,居住、生活等成本相对中心城区低,是外来人口较为理想的选择。

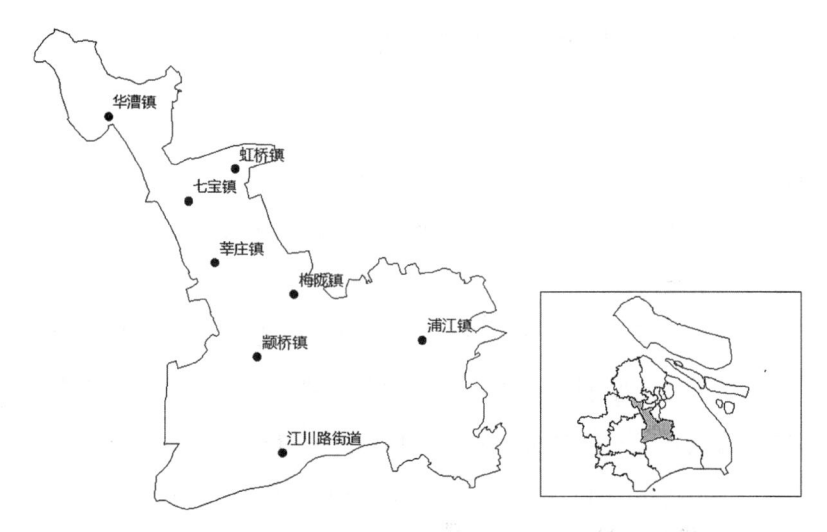

图1-1 上海市闵行区参与问卷调查的8个乡镇分布示意图

因此,选择闵行区为样本区具有代表性,本研究以随机抽样调查方式,在当地基层管理人员的协助下,开展大型调查的8个街道(镇)分别是:华漕镇、虹桥镇、梅陇镇、七宝镇、莘庄镇、颛桥镇、浦江镇、江川路街道。这次调查在2005年7月进行,共回收有效问卷2 144份。

(三)分析方法:对比方法是重点,理论思辨、定性分析为辅助

对比方法:通过与不同层次群体诸多因素的比较,可以充分说明非正规就业群体在整个城市社会空间中的分化程度。

理论思辨:是指对讨论问题的条件假定、描述、分析、归纳、逻辑推理,在这个过程中注意所涉及的各种因素的层次和联系。语言表述是理论思辨的主要表达方式,在必要和可能的情况下,在某些论点上用数学模型或有关示意图,以及GIS的可视化表达等方式。在理论分析过程中,主要考虑提出的基本背景、假设条件,通过推理和实证说明上海非正规就业与社会空间分化

的关系。

(四) 技术手段：统计分析为主，辅以 GIS 的可视化表达

本研究运用较为成熟的社会统计软件 SPSS 进行了大量的数据处理和统计分析。GIS 为一些研究内容及结果的空间显示提供了极为便捷的工具，便于发现研究的规律所在。

第四节　本研究的特色

第一，本研究把非正规就业与社会空间分化关系的研究纳入城市社会地理学的视野，开辟了社会地理学研究的新视角；把城市地理学有关产业区位问题的研究对象推广到非正规部门，对于这种工作分散性、流动性很强的灵活就业的区位研究，具有很大的挑战性，也丰富了社会地理学的研究领域和学科增长点；注重人的行为模式对地理空间的作用，更强调了人文地理学的以人为本的学术路线思想。研究中突出场所对比的重要。

第二，本研究所做的有关就业与居住区位的"空间不匹配"研究，国内有关的参考资料有限，因此，对国外研究进展的了解，对于我国开展该领域研究具有重要意义。笔者在阅读很多相关外文文献的基础上，对研究进展进行了梳理，并结合调查数据对我国大城市就业与居住区位关系进行尝试性的探讨，分析我国与美国不同的差异原因所在。

第三，采纳了不同时段、不同来源的数据，利于动态跟踪研究相关议题，探究其时空演变规律。非正规就业群体相关数据的获取、样本的选择等也存在诸多困难。该群体人口在上海数量多、分布广而散，因此给数据的获取带来一定的难度，正是基于这样一种情况，样本的选择至关重要，会对研究结果的正确性、准确性产生直接影响。本研究在综合分析的基础上，选择了上海市闵行区 8 个街道进行调查，获取 2 000 多份有效问卷，问卷有效率超过 90%。问卷的数量对于研究问题的分析具有一定的说服力。研究还结合

我国第七次人口普查,上海市统计年鉴等相关数据作为辅助支持。此外,还进行了实地调研、个案访谈等,因此,本研究具有较好的数据基础。

主要参考文献

[1] 习近平.高举中国特色社会主义伟大旗帜 为全面建设社会主义现代化国家而团结奋斗——在中国共产党第二十次全国代表大会上的报告[R].2022-10-16.

[2] 金一虹.非正规劳动力市场形成和发展中的几个问题[J].中国劳动,2000(10):7-10.

[3] 顾朝林.城市社会学[M].北京:清华大学出版社,2013.

[4] D. Harvey. Social Justice and the City[M]. Oxford: Basil Blackwell, 1973.

[5] Kingsley Davis, Wilbert E. Moore. Some Principles of Stratification[J]. American Sociological Review, 1945: 242-249.

第二章

国内外有关理论的研究综述

第一节 国外相关理论和政策的研究进展

一、非正规就业研究述评

(一) 非正规就业概念的提出

关于非正规就业的概念有不同的版本,国际劳工组织认为,英国人类学家克斯·哈特(Keith Hart)首次提出了非正规就业(informal employment)的概念。[1]这一概念提出后,20世纪70年代至90年代期间,国外许多学者对广大亚非拉发展中国家的非正规就业及其相关问题开展了大量研究。此后,一些学者和组织又将视角转向了发达国家,[2]这无疑进一步扩大了非正规就业涵盖的范围。

(二) 非正规经济的发展是非正规就业在世界范围不断发展的直接根源

无论发展中国家还是发达国家,非正规就业在世界范围内得以不断发展,其根源在于它直接受非正规经济发展的影响。非正规经济是在官方认可和记录之外的那部分经济。它是在没有正式管理和酬劳的体制下表现出生产的、有用的和必要的劳动。根据澳大利亚学者施耐德在国际货币基金组织(IMF)对84个发展中国家、转型国家和经合组织国家(OECD)的非正规经济规模[国内生产总值(GDP)]调查发现:这些国家的非正规经济的规模均在14%以上,高的可达44%。[3]而如今,ILO组织第一次发布了关于非正规就业规模的全球估计,报告指出全球61%的劳动力,20亿劳动力人口,从事非正规就业。

(三)非正规就业的大量涌现也是劳动力流动的产物

非正规就业在发展中国家和发达国家的体现又有很大不同。

1. 推拉理论和二元经济理论是发展中国家关于劳动力流动研究的经典理论

早期的唐纳德·博格(D. J. Bague)提出了"推拉理论"(Push and Pull theory),即迁移的发生是目的地的拉力和来源地的推力共同作用的结果。基于该理论,哈里斯和托达罗共同创建了迁移模型,该模型假定劳动力迁移主要取决于城乡劳动力市场的工资比较。另一个经典理论是以刘易斯(A. Lewis)的二元经济理论为先导,后经许多经济学家的发展而逐步形成的"两部门理论"(Two Sectors Theory),旨在证明剩余劳动力从传统的农业部门向现代的工业部门的人口转移,是整个经济发展和工业化过程的自身特点。[4]

2. 迁移人口首先进入城市的非正规部门就业

如果说,农村劳动力流动到城市是城乡经济收入差异以及社会经济发展和工业化发展过程的必然结果,那么,他们又是进入到城市中哪些具体的就业部门呢?发展经济学家迈克尔·托达罗认为:农村剩余劳动力在向城市迁移中,并非直接进入城市的核心部门,而是先进入城市边缘经济的非正规部门,即在非正规部门就业。[5]其后,经济学家哈特基于货币工资雇佣和自我雇佣的差异,提出了"正规"与"非正规"就业机会划分的设想和城市劳动力队伍收入机会的二元化模型。[6]

3. 非正规就业引起的社会问题备受国际劳工组织和学者的关注,开展了系列研究

国际劳工组织是一个以国际劳工标准处理有关劳工问题的联合国专门机构。长期以来,该组织一直关注亚非拉发展中国家的非正规就业问题,组

织了大量的研究项目,关注非正规就业群体的社会公平等问题。2002年,该组织提出"体面就业与非正规经济",指出正视非正规部门的就业效应,要努力消除这一部门日益增多的剥削和改善非人的工作环境。同时,值得注意的是,非正规就业并不是发展中国家独有的经济现象,20世纪80年代以后,发达国家与发展中国家同样面临着巨大的就业问题,特别是城市失业导致的社会不平等和社会隔离问题越来越严重,非正规就业在某种情况下对解决这些社会问题起到一定的帮助作用,但同时非正规就业又被主流社会所歧视。因此,改善非正规就业形象,提倡社会公平,成为相关学者研究非正规就业的目的之一。

4. 拉美国家过度城市化带来的非正规就业相关问题的研究曾一度成为热点

如以拉美国家为代表的非正规就业与社会空间分化关系的研究对于其他发展中国家具有很多借鉴意义。拉美国家非正规就业与社会空间分化关系形成的一个动力机制在于其过度城市化,即拉美国家城市中劳动力供给(包括流入城市的农村剩余劳动力)远远大于劳动力需求的矛盾和劳动力(包括流入城市的农村剩余劳动力)技能与素质不适应市场需求的结构性矛盾,这两个矛盾成为"超前"城市化引发的各种社会冲突的主要根源。这导致拉美国家产生了与通常意义上的第三产业不同的所谓"第三产业化"现象,即那些找不到工作的人们,包括妇女和儿童,源源不断地涌向各种各样的商业和服务行业。这些"城市非正规部门",成为各种隐蔽性失业集中的场所。其非正规就业与社会空间分化关系形成的另一动力机制在于他们实行了经济自由化,导致经济越来越开放,竞争日益激烈,企业主为了增加利润,想方设法压低生产成本,特别是压低劳动成本。企业主采取逃税、雇黑工、逃避社会福利等方面开支的方法,而劳动者却面临失业压力,不得不接受他们的苛刻条件,接受非法受雇,导致非正规就业的规模不断扩大。

除了对发展中国家开展了大量研究外,学者也对发达国家的非正规就业相关问题开展了相应的研究。

(四)非正规就业的大量涌现还与时代特征的转换密不可分

国外很多学者探讨了全球化对非正规就业的影响。历史地看,从工业化经济发展到全球化经济,使得全球化流动的资本和技术总是在各个国家寻找廉价的劳动力进行优化组合,随着流动速度和频率的加快,它需要流动的和灵活的就业方式。其次,生产的全球化强化了高新技术的竞争,高新技术不仅不断地排挤低技术、低效率的劳动力,产生技术性失业,而且它对传统产业的快速替代和技术更新频繁,产业结构变化升级快,造成大量的结构性失业人口。第三,市场经济的内在不稳定性在全球化市场经济体系中表现得更为突出,该问题的解决需要政府和社会干预调节。可见,全球化意味着面向大众的稳定的劳动就业时代已逐渐结束,"世界进入了弹性劳动与经济不稳定、工作不稳定时代",其中,以不稳定为特征的就业形式之一——非正规就业应运而生。

(五)相比于正规就业的经济效益,非正规就业带来的经济效益占比较低

德国的非正规经济在1975—2015年间,出现了从1975—2003年期间的迅速增长和2003年之后的相对平稳发展的特征;而以整个欧洲为例,非正规经济虽然发展迅速,但同正规经济相比,其创造的GDP甚少。

(六)非正规就业的产生和发展,也导致社会分化的加剧

当那些低技术、低技能的社会底层人员涌入到非正规就业大军时,社会分化也随之加大。例如,Smith认为,国际化(全球化)导致了更加分割的劳动力市场、男性和女性就业平衡的转变,以及产生了高收入和低收入家庭之间日益增大的鸿沟。Silver也指出,经济重建过程导致的这些后果对大家惯常接受的西方是高福利国家的认知提出了挑战。[7]越来越多的人生存缺乏安全感,变得依赖于"剩余性"福利。同制度性福利相比,剩余性福利强调个人福利遵从家庭和市场经济的原则,它只是为被家庭或者市场机构淘汰的人提供的社会福利,是国家尽量不参与的消极的福利计划。这一切对以往的充分就业和社会和谐的"欧洲模式"形成了严重的威胁。那种认为贫穷"随着社会

进步和发展将会消失的社会富足状态"已不存在。因而,在长期经济繁荣的背景之下,当今社会中的贫困、大规模失业以及富有阶层和贫困阶层之间的社会极化等现象看上去是"新"问题,即所谓的"新城市贫困"问题。在富裕或福利社会当中,这些问题似乎是不可想象的,这些问题进而产生了社会排斥。[8]

(七)非正规就业群体存在不同社区的分异模式

非正规就业群体在居住上普遍存在着同质聚居的现象,而同质聚居会引发一系列严重的社会问题。为缓解该现象,当代西方城市采取的应对措施主要包括两类:一方面是在政府强有力的介入下发展地产业,为了避免住房极端的商品化,普遍的做法是在中低收入人群支付不起的社区建设适量的经济房屋,打破地产商的逐利性;另一方面则是通过有效的规划手段实现混合用地,增加居住群体的异质性,避免弱势群体被过度排斥。[9]例如荷兰在1995年开始施行所谓"大城政策"(Big Cities Policies),通过对住房市场的介入改变社区人口结构。[10]1995年至1998年期间,荷兰政府对阿姆斯特丹北部一个衰败的、名为斯塔斯聂登的工人聚居区进行改造,其建筑类型主要是多户型的中高层住宅,同时也提供一些平房和经济适用房,并在住房设计上,尽量便于居民的社会交往;在住房配售上,优先考虑当地居民的入住,控制外来的居民的入住。[11]这些规划手段在保持社区人口的异质性方面,取得了一定效果。

二、社会空间分化研究述评

非正规就业的产生和发展,意味着在整个就业群体中,出现一支较为特别的队伍,由于边缘经济的特点,带来"新城市贫困"等问题,必然导致城市社会空间的变化。

(一)亨利·列斐伏尔首先提出社会空间的概念

列斐伏尔是西方学界公认的区域社会学特别是城市社会学理论的重要奠基人,也是一位研究空间与城市问题的地理学家、社会学家,甚至于后现代批判理论家。他对西方思想界最大的影响和贡献就是发现了"社会空间"。他认为,空间不是通常的几何学与传统地理学的概念,而是一个动态的矛盾的异质性实践过程。在这个实践过程中,不同的空间或地方逐步形成其特色,具有自身的特点,即空间性。而空间性不仅是被生产出来的结果,也是再生产者。[12]

(二)结构主义和新马克思主义学派在20世纪下半叶兴起并逐步发展

结构主义是一种方法论,关注人类行为是由各种各样的结构组织所决定的研究;新马克思主义学派强调以人为出发点,以实践为核心范畴,把马克思主义哲学解释成一种人本主义的实践哲学。随着上述方法、学派的兴起,城市社会地理学者对社会阶级、种族与空间的关系产生浓厚的兴趣,差异与不平等成为经济地理和社会文化地理研究的核心内容[13];社会极化、种族隔离的空间表现及其引发的居住空间分异等一度成为研究的热点;研究也产生了新的理论,如强调社会与空间之间存在辩证统一的相互作用和相互依存关系的"社会空间统一体(socio-spatial dialectic)",又为"社会空间辩证法"理论,该理论已成为城市社会空间结构研究的基本指导理论之一。[14]

(三)社会地理学家发现了"空间不匹配"以及"逆向城市化"等现象

从空间的视角进行非正规就业与社会空间分化关系的研究,体现在对就业与居住区分离的认识,发现了"居住-就业空间错位"(职住分离)、"逆向城市化"等现象。1973年,英国地理学家哈维对犹太居住区进行了研究,发现富有群体在居住选择上更具有自主性,无论选择哪个地区,他们都有更多的资源来支付运输成本和获取土地,而相应地贫困群体则被动很多,常常出现"职住分离"的情况。他还认为,居住区的差异反映了资本主义制度下社会关系的重组,而居住区差异的模式正是以阶级为基础的社会各种矛盾的反映。

(四)社会极化概念的提出与发展

根据学者扎森的理解,社会极化是指社会经济分布的底部和顶部的过度增长,即低技能、低收入家庭和高技能、高收入家庭比例和数量的过度增长。

她认为,城市社会极化的过程表现为收入分配的极化和职业结构的极化。[15]马尔库塞则形象地定义道:"社会极化的分布可以形象地比喻为鸡蛋和漏斗的形状:基于收入差异的城市人口的分布通常都是呈鸡蛋形,即中间最宽,而逐渐向两头变小。当收入极化发生时,中间部分变窄,而向两头扩展,直到看起来像沙漏形状。[16]"哈姆尼认为扎森的定义比较模糊,没有说明她是根据职业结构还是收入结构来定义极化概念的。哈姆尼给出的定义是:"社会极化是一种社会分布的变化,是从统计上的正常状态或者鸡蛋形的分布向底部和顶部相对地或者是绝对地增大过渡,而牺牲中间部分的过程。"他认为这是绝大多数学者的解释。[17]但是,Buck认为收入极化并不一定伴随职业极化。奥洛克林与弗里德里希则认为,极化应该包含两个方面的含义,一个是数量方面,一个是结构方面。相对而言,结构上的变化更为重要。[18]

(五) 社会极化、空间隔离与城市贫困等是西方社会地理学家研究的主要内容

扎森的研究表明,职业结构转型造成了新的社会极化,构成所谓"沙漏型"的社会结构。作为社会极化的空间结果,城市变得更加"分化""碎化"和"双城"化。[19]一极是精英阶层,形成所谓防卫型社区;另一极是由城市底层低收入人群、有色种族等构成的"下层阶级"的出现。[20]而不断增加的社会空间极化已成为当代西方城市社会空间发展的主要趋向。伴随社会空间极化的社会地理现象是空间隔离,奥洛克林与弗里德里希对社会空间极化与空间隔离理论进行了研究。地理学者们还开展了其他一些关于社会极化的研究,如Cooke从中观层面上研究了不同城市贫困的空间集聚的地理结构无差异性。Poulsen研究了"隔坨区"(Ghetto,最早是指犹太人被迫居住在相对封闭隔离的社区,后来演变为少数民族或弱势族裔居住的隔离的相对贫困落后的社区)模型对于非种族型社区分化的适用性,并且给出了社区空间极化的社区成分相互排斥的临界点指标。Ilieva等以保加利亚的一个罗马移民居住区为例,应用遥感和野外调研的方法,研究这些非法建筑形成的隔坨化的空间趋势及其对社会空间极化的影响。[21]Reimer研究了在与国际市场紧密相联

的某国或某地区的经济体系下城市那种勉强维持生计的"对付型"(getting by)就业的成长及其对城市空间产生碎性极化(Fragmented Polarization)的作用。在解决社会极化问题的研究上，Berry强调在穷人和富人之间应该建立更好的信息沟通渠道，以改善城市的社会极化问题。与此同时，英美社会极化的产生与加剧引发了一系列严重的社会问题。由于社会极化问题的严重性和复杂性，如何克服社会极化、解决城市贫困、帮助底层阶级发展、消解种族隔离等，便成为极化研究的重要课题。早在20世纪60年代，美国就发动了规模浩大的"向贫穷开战"(The War on Poverty)计划，试图根除贫困。随后，又实施了"社区发展合作(Community Development Corporations)特别行动"、"新未来计划"(New Future Program)、"家庭和邻里改革计划"(Neighborhood and Family Initiative)等众多计划，希望通过社会的广泛参与来解决城市极化和贫困问题，并取得了一定的成效。近年来，英美又将扩大就业、改革社会福利政策、发展地方经济、完善大都市区的管制等作为治理城市社会极化的对策。

（六）社会极化不仅仅引发了诸多社会问题，也带来一系列经济、财政问题

Woo研究了社会极化、财政不稳定性和财政增长之间的关系。他构建了单一增长框架下的财政政策的动态模型，发现社会极化是造成财政不稳定和负增长的主要原因之一。在一个高度极化的社会，将会产生财政赤字，财政支出波动更大、经济增长率降低。财政赤字的程度，财政波动率的大小，产出的减少规模、经济增长率等又都将影响社会极化的程度。在分析两者关系形成机制的基础上，提出了相应的解决措施。

（七）实施积极的劳动力市场政策是防止社会空间极化的核心措施

国际劳工组织强调效率、公平、增长和社会公正是积极的劳动力市场政策的主要目标。就业和社会政策委员会也提出积极的劳动力市场政策的四大目标是增加就业、提供变革中的社会保障、力求公平合理和减少社会贫困。[22]

(八) 积极的劳动力市场政策有利于促进社会的公平合理

其中一项基础工作就是要确保目标群体参与积极的劳动力市场计划,这些计划是专门为弱势群体服务的。而这些弱势群体通常是指在就业市场中被最后雇用或者根本不被雇用的那些人。计划的实施旨在消除对老年工人、青年、残疾人、移民和少数民族成员的就业歧视,同时,也要减少对妇女的歧视。

1999年6月,国际劳工组织提出"体面劳动"的概念,即通过促进就业、加强社会保障、维护劳动者基本权益,以及开展政府、企业组织和工会三方的协商对话,来保证广大劳动者在自由、公正、安全和有尊严的条件下工作。体面劳动是防止贫困的最佳保障,这个理念也是积极的劳动力市场政策的核心。

(九) 积极的劳动力市场政策也会有助于减轻社会贫困

在没有固定工作的情况下,积极的劳动力市场政策作为对创造工作机会的一个支持,有助于减轻社会贫困。例如,对于那些原本属于失业的人群,他们受益于体面劳动社会一体化举措,通过积极劳动或培训计划获得收入,这对个人还是减轻社会贫困都很重要。对发达国家和转型国家来说,实践证明,相对于公共开支的机会成本,开展劳动培训是比单纯的失业补助要好的一个可选方案。对发展中国家来说,积极的劳动力市场政策的目标群体也许不是公开的失业者,而是在非正规经济部门工作的贫困人群。这需要深入了解贫困人群的劳动力市场行为,并确定积极的劳动力市场政策怎样才能促进非正规工作正规化和提高生产力及保障。

(十) 防止社会极化,进行社会整合也成为国外一些学者的研究课题

社会整合的类型和模式有许多种,如社会学家迪尔凯姆曾把传统社会里一种外在强力的整合称为机械整合,而把转型社会中在功能分化基础上功能互补的整合称之为有机整合。社会学家洛克伍德也曾提出过社会整合和系统整合的观点,企图从微观和宏观两个层面上来对社会分化进行有效整合,后经哈贝马斯、吉登斯等人的发展在社会理论界产生了重大影响。

三、"居住就业空间错位"假说演变及其实践研究

(一)"空间错位"假说之起源

1968年,在一篇研究居住隔离、黑人就业和大城市工作岗位郊区化的文章中,哈佛大学学者Kain指出,工作岗位的郊区化和美国城市中普遍存在的居住隔离(即相对贫穷的非洲裔美国人居住在内城,而相对富裕的白人居住在郊区),是造成内城工作技能不足的居民(主要是少数民族和黑人)失业率较高(或劳动力过剩)、收入相对较低和工作出行时间偏长的主要原因。随后,人们给这些结论冠以"空间错位"假设的名称。自这一假设提出之后,美国社会科学领域内越来越多的学者开始从"空间错位"的视角来关注大城市中心城区居民的就业问题。随着不同学科研究人员的介入,研究的对象被扩大到了少数民族、低收入居民、新移民和妇女等社会弱势人群,原来基于"空间障碍"的研究也变为了上述人群寻找工作所面临的一系列特殊障碍、困难以及相关结论对政治决策的启示意义等。

(二)居住就业空间错位研究的逐步深化

20世纪60年代到80年代,是"居住就业空间错位"从提出假设到开展论证的阶段。不少学者都试图定量化地给出黑人就业率和"居住就业空间错位"及其涉及变量之间的关系,进行了构建模型的研究。20世纪90年代,更多的研究者希望通过对已有关于"居住就业空间错位"成果的全面梳理,得出一些更为全面以及有承前启后意义的研究结论。他们的研究结果都支持"居住就业空间错位"的假设。

(三)居住分化对劳动力市场的作用

1999年,Brueckne从空间和失业关系角度入手研究居住就业空间错位的劳动力市场作用,利用基于固定工资的居住就业空间错位模型和综合效率工资模型,提供了居住就业空间错位假说的新视角;分析了郊区住房分化对黑人工人的工资和失业率的影响,进而产生分析居住市场分化与一种似乎不相关的现象,即劳动力市场中的失业现象之间的联系。

Joyce 对海湾地区的工作地与居住地错位进行研究,以都柏林为例,研究这种错位带来的不良后果,如通勤时间的增加,污染的加剧,职员生产力的降低,地区生活质量总体下降等。

(四) 就业机会空间差异及其影响的研究

早期的"居住就业空间错位"研究并没有考虑到就业机会这个因子,2003年开始该领域的专门研究。Brueckner 进行居住就业空间错位假说体现的就业机会空间差异的研究,构建就业机会空间差异模型,研究表明:中心城区的失业率要高于郊区;郊区有更多的就业机会。Wasmer 研究空间摩擦失业的就业机会空间差异,认为工人的居住选择是由空间要素(如交通费用、房价)和劳动力要素(如工资、自身技术水平)等决定的。研究表明,在搬迁不可行的情况下,从业人员的居住地和失业人员的居住地之间存在着一种彼此的空间分离。当居住迁移可行的时候,将产生一个失业与从业者并存的一个稳定的居住区域。当搬迁费用趋于降低的时候,人们则越趋于向就业机会多的地区集聚。[23]

Gobillon 探讨了就业地—居住地的空间错位会导致社会脆弱群体远离就业机会,产生失业和贫困问题,并且该结论不仅仅适用于美国中心城区的非裔美国人群,根据不同地区的实证研究,证明该规律具有普遍性。

(五) "逆向城市化"的研究

在开展居住就业空间错位的相关研究时,部分学者还发现了拉美国家存在"逆向城市化"的现象,即"贫民窟包围城市",收入较低的社会群体居住在城市的边缘地区,而就业机会主要分布在中心城区,这与西方发达国家近些年出现的讲究生态模式的"逆向城市化"大不相同,是一种低收入阶层被社会边缘化的无奈。

第二节 国内研究进展

伴随中国的改革开放和快速城市化进程,非正规就业在我国应运而生,并且不断发展壮大。特别是进城务工的乡城流动人口的涌入,必然导致城市的社会结构发生变化,一个群体从无到有的存在,带来的社会问题也是多方面的。因此,很多学者开启了非正规就业及其相关的社会问题的研究。

一、对非正规就业有关理论和实践的认识

(一)我国非正规就业存在概念、管理、测度等主要问题

冷熙亮、丁金宏早在2000年开始探讨了城市非正规就业起源及其发展,评述了国外非正规就业的发展及其趋势,并且研究了我国城市非正规就业的发展,提出目前存在四个方面的主要问题:一是理论认识的模糊,将非正规就业视为"非正式"的,不是就业,而应归入失业、下岗范畴,或者是非全日制、钟点工、临时工、弹性工时制等层面的就业。事实上,非正规就业是就业的一种形态,并非失业。二是非正规就业过于"正规化",即政府过多地将非正规部门就业纳入制度管理当中。三是管理上的"两难"。目前对非正规就业的管理出现"异化"或"二元化":对外来农民工重控制与管理(工种限制),轻疏导与扶持,主要靠政策运作;对下岗、失业人员重引导与扶持,轻控制与监督。四是测度问题。非正规就业因其不显明的特点而造成对其进行测量的困难,被称为"不可测度"的测度。[24]

(二)非正规就业产生原因分析

李娜指出,我国所有制结构的调整、劳动力市场的二元分割、科技进步的影响等原因,导致非正规就业在我国的产生和发展。[25]陆益龙指出大量农民进入城市,根本原因并不是农村或农业劳动力的剩余,而是在社会结构和体制结构及其转型过程当中,在我国的社会分层体制中,城市的社会空间地位普遍高于农村社会等根本原因所致。[26]

此外,在城市建设过程中,大型开发项目也会产生非正规就业现象。陈昆仑等对武汉"楚河汉街"中伴生的武重社区非正规小市场进行研究,研究发现,大型开发项目自身运转、待迁居民的生活需要、建设中商业服务供给的空白、城市管理部门的默许等原因,使得非正规小市场有着特殊的存在状态,表现为经营空间固定、经营场所临时、消费群体广泛、经济活动事关生存、城市

景观反差强烈等特点。[27]

另外,一些产业的发展也推动了非正规就业的发展。旅游业的非正规就业发展相关问题受到学者的广泛关注。如非正规就业也是旅游就业体系中的重要组成部分,在推动城市旅游经济增长方面发挥着不可替代的作用。王金伟等学者以故宫博物院、颐和园等北京10个典型景区为例,调查研究了城市旅游景区非正规就业者的群体特征,并探索性地将测量野生动物和敏感人群数量的"捕获—再捕获"及蒙特卡罗模拟方法引入研究,对该群体的规模进行了测算。[28]

(三) 我国农村联产承包责任制、经济体制改革、城镇化道路等的特殊性决定了非正规就业的特殊性

改革开放以来,我国经济改革取得了巨大成就,市场经济体系不断完善,资本、劳动和技术的市场化水平日益提高。随着农村剩余劳动力的转移和城市产业结构的调整,我国非正规就业的队伍不断扩大,从而引起收入和职业的分化、社会阶层的分化。彭希哲等主要从产业结构调整等背景分析了我国非正规就业的特殊性,涌入城市的农村流动人口的非正规就业不在研究范围之内。[29]第一,中国出现大量的非正规就业现象是发生在经济转型和产业结构调整带来的大量正规部门职工下岗、失业的时期,这与南美、南亚以及非洲的非正规就业出现和发展的背景不同,从而表现形式和相关问题也会不同;第二,中国是在一种市场经济并不是十分完善的经济体制下鼓励和推行非正规就业的,政府在非正规经济和非正规就业领域做了很多的行政干预,这与完全市场经济国家也有着很大的不同;第三,今天中国大量的非正规就业者往往是从国有、集体等正规企业部门里因种种原因退出的职工,这与世界上其他非正规就业现象比较普遍的国家有着很大的差异,我国很多非正规就业者的就业路线是从"正规部门—非正规部门",而在其他许多国家却是从"无业—非正规部门";第四,中国的非正规就业者中有相当一部分人原先是享受着正规部门的社会福利与保障的,而非洲、南亚的非正规就业者的绝大部分从来就没有此类福利。这就给中国的非正规就业者带来一个令其进退两难

的选择,选择非正规就业往往会面临丧失正规部门就业者所具有的较为完善的社会保障与福利的风险,而在非洲和南亚国家并不存在如此令人难断的事情。目前中国政府又在以承诺维持原先的社会保障与福利来推行"再就业工程""就业优先"等鼓励就业政策,所以我国的非正规就业者中有相当大一部分人与其他国家的非正规就业者在享受社会保障方面显著不同。丁金宏等也是在研究了国外非正规就业概念基础上,根据我国的具体国情,对非正规就业概念进行了移植和改造。[30]

中国城镇化道路的特殊性也带来非正规就业发展的特殊性。陈明星等指出,中国城镇化由偏重数量转向更加注重质量的新型城镇化,促进农村转移人口市民化、提高就业质量成为城镇化发展的重要目标,近年在新冠疫情等影响经济下滑情况下,非正规就业问题更为突出,社会融合难题凸显。[31]

(四)非正规就业从业人员的构成

金一虹等部分学者将非正规就业者来源划分为:(1)被旧体制"抛出"的一部分下岗、失业工人;(2)流入城市的大量农民工;(3)重返劳动市场的阶段就业女职工和老年"补差"职工等。从比例上,我们可以认为农民工和下岗工人是我国的非正规就业的主体人群。[32]张华初指出,贫困就业理论说明了我国城市下岗、失业人员的再就业现象,二元经济理论说明了我国农村剩余劳动力进入城市时的就业问题。[33]此外,非正规就业中女性也是主体人群,袁霓发现中国女性劳动者存在显著的就业非正规化趋势,并且有低质量、收入处于最低端、低保障、向上流动的可能性小等特点。性别歧视普遍存在。[34]

(五)非正规就业人员的社会关系网络研究

研究对象主要是从农村进入城市的非正规就业部门的乡城流动人口。张宛丽认为,社会关系网络对社会成员地位获得具有社会资源配置的独特作用。[35]曹子玮研究农民工社会网络再构建的必要性、可行性及可延续性。[36]王毅杰、童星通过对南京市务工经商的流动农民的社会支持网分析,并与天津城市、农村居民的社会网络比较分析,认为:流动农民的社会网络特点仍可概括为规模小、紧密度高、趋同性强、异质性低;[37]流动农民尽管其社会生活场发生了变化,但并没有从根本上改变其以血缘、地缘关系这些原有社会关系为纽带的社会网络的边界;与农村居民的关系构成相比,流动农民的地缘(邻居、老乡)作用下降,亲属即强关系作用变化不大;而与城市居民的关系构成相比,业缘力量不突出,亲属力量突出;朋友关系即中间性关系力量稍弱于亲属力量,并开始突出。但他们认为,还有一种更为重要的原因是,与城市居民、农村居民相比,流动农民职业流动、地域流动较为频繁。

卓玛草等用定量手段研究表明:近83%的农民工依靠社会关系网络实现流动与就业;社会网络的构建对其收入有显著正向影响,农民工可以从其中获取不同性质的资源,包括信息和人情;关系资源的不同收入效应决定了社会资本的作用方式及结果。[38]李国正等认为,流动人口在流入地面临着社会关系网络重构问题,研究发现:老乡会、同学会、家乡商会是流动人口在流入地社会关系网络重构的重要渠道;社会关系网络重构对流动人口创业选择具有显著促进作用,尤其能够促进流动人口选择机会性创业。[39]

(六)非正规就业处于社会的弱势地位

社会分化主要是阶层分化和收入分化,改革开放以来,中国的社会分化日益呈现出不断加剧的态势,对于当今的中国而言,社会分化的加剧可能导致严重威胁社会秩序的一个问题就是弱势群体的突显。[40]正规就业与非正规就业的划分本身就是一种社会视角。杨云彦从户口性质、户口状况、行业分布、取得工作途径、工作地位和劳动报酬、住房社会保险等方面对我国正规就业与非正规就业的特征进行了比较,研究结果表明,我国非正规就业处于弱势的社会地位。[41]如果说非正规就业处于社会的弱势地位,而非正规就业中的女性则是处于弱势中的弱势。谭琳等分析非正规就业的性别特征及相应的收入和就业环境的性别差异,研究发现,非正规就业中的行业和职业性别隔离是我国非正规就业的最重要的性别特征,它不仅在很大程度上导致了收入方面的性别差异,而且也为非正规就业的劳动权益保障和就业服务提出了具有性别特征的要求。非正规就业群体的社会保障问题成为众多领域学者关注的主要问题。[42]

（七）乡城流动人口的非正规就业的弱势地位还体现在该群体与城市市民群体之间的关系上

曾芬钰从城市化的本质出发，对农民工的出现背景、阶层、社会地位等进行论述，并指出城市化存在把"农民工"转化为真正意义的市民的艰巨任务[43]；郑传贵从社群隔离的视角，探讨我国进城农民工与市民群体的矛盾[44]；而丁金宏等也提出在农民工与城市市民存在矛盾的同时，也有融合的趋势，从两者之间通婚状况说明通婚潮，标志着城市对农村由经济性开放走向社会性开放[45]。李强关于农民工的市民化问题[46]、丁述磊论及的非正规就业对居民社会融入的影响及其传导效应研究等问题[47]都值得关注。佟大建等基于基本公共服务均等化视角测度了农民工市民化水平，且探究了农民工市民化对其城市居留意愿的影响以及农民工市民化水平的影响因素。[48]

（八）非正规就业与社会分化：三元结构的产生

李强从社会分层的角度分析农民工群体，即剖析这个群体在当今中国的社会地位、社会功能、生活或生存方式、社会特征及与其他社会群体的关系等，并对由于农民工的存在而导致的中国的"三元结构"，从理论的提出、结构的本质、多重表现、三元结构的未来多个方面进行了探讨。[49]郑杭生、李路路等对非正规就业的另一群体——下岗工人再就业群体进行了研究，指出他们从传统的工人阶层分离出来的背景，这一群体引起的社会分层的变化；农民工的产生、下岗工人的再就业，反映了我国工人阶层产生了内部分层，其中雇工阶层的地位利益令人担忧。[50]可见，非正规就业在获得社会支持的同时，我国现行的相关政策、制度，如"再就业工程"也存在一些问题。李培林等从就业与制度变迁的视角，在对农民工和下岗工人两个特殊群体求职、就业过程深入分析的基础上，从微观的社会行动层面细致而精到地探讨了他们求职和职业地位获得的各种影响因素，如就业机会、就业途径、择业心态、社会稳定、社会流动、社会地位等。[51]李强等从社会心理学角度出发，研究非正规就业主体的强烈的相对剥夺感。[52]黄乾分析非正规部门就业的积极效应及存在的主要问题，如劳动雇佣关系和劳动制度不规范、劳动者劳动条件恶劣、劳动者社会保障和社会保险缺乏、行政管理部门干预过多等。[53]杨凡基于干预效应模型和倾向值加权模型,也论证了从事非正规就业的流动人口其社会融合水平显著低于正规就业的流动人口。[54]户籍制度改革是解决上述问题的关键。夏伦等认为在高层次的社会融入维度,流动人口与户籍居民存在显著差异,流动人口并没有充分融入当地,存在"伪融入"现象。[55]

二、城市社会空间分化理论及实践研究

对社会空间及社会空间分化的认识,早期始于社会学学者的研究,后来地理学者,特别是人文地理学者开始关注空间的重要性,尤其是空间的社会性,它牵涉到再生产的社会关系,也牵涉到生产关系即劳动及其组织的分化。因此,作为人文地理学主要分支的社会地理学相关研究逐渐受到重视。

(一)城市社会空间分异研究集中在社会层次、地域以及活动空间的分异

1. 层次分异

吴启焰从城市的物理环境、社会环境、人的微观感知和活动环境等方面对城市社会空间分异及其动力机制进行研究,认为社会空间分异研究的层次包括:土地利用与建筑环境的空间分异;邻里、社区组织的空间分异;感知与行为的空间分异;社会阶层分化。同时还指出,在全球化和市场转型的特殊背景之下,随着社会结构分化的产生,各种分异现象正在中国的城市中出现。[56]

2. 地域分异

艾大宾认为,居住的地域分异是形成城市社会空间分异的前提和基础,因此,分析城市社会空间的形成机制应从居住地域分异的作用因素、空间过程和空间类型入手。[57]跨国公司职员和农民工在劳动力市场、收入、住房上极化地位的凸显,[58]导致高房价与低收入的矛盾,形成"有屋无人住,有人无屋住"的局面,如高级地产项目、郊区别墅区的出现,[59]浙江村、河南村、新疆村等外来人口聚居地的出现。[60]在这些不同类型的聚居地中,农民工聚居的

"城中村"受到更多的关注。韩冉、韩毅和韩潮峰等对我国"城中村"问题研究结果表明,"城中村"是城乡二元结构矛盾在城市发展和建设中的集中反映,已经成为我国城市化推进过程中出现的普遍性的问题。[61-63]"城中村"的存在引发了城市社会治安混乱、环境质量低下等社会问题,严重影响城市化进程,制约着城市的进一步发展。

从居住空间出发进行研究是社会空间研究的经典研究范式,而申悦、柴彦威则从居民的日常活动空间出发探讨社会空间分异问题。从人的空间研究范式出发,构建了"人群—活动空间—社会空间"基于活动空间的社会空间分异研究框架。[64]陈梓烽对时空行为大数据的社会空间分异研究进行了阶段性总结,梳理了主要的研究进展,并展望未来的研究方向。[65]

(二)社会阶层分化对就业的影响

张秀娥论述社会分化对就业的影响,资本以证券、股票的形势在少数人手中集聚,通过各种证券的收购、买卖,使企业出现各种各样的兼并。企业为了在资本市场中竞争,迫使越来越多技能低下的人步入非正规就业的行列。[66]

(三)非正规就业在城中村的集聚对土地利用产生影响

从农村流动到城市的农民,也在非正规就业之列。刘毅华等专门分析了城中村非正规部门空间集聚及其功能分化特征,进而探讨了其对土地利用的影响。研究表明,非正规经济在城中村集聚与碎片化现象并存,并产生了明显的空间分异现象。导致了城中村土地利用结构和强度的变化,空间发生重构,土地利用冲突明显。[67]

(四)从非正规到正规的流动困难见证向上社会流动的艰难

金一虹分析正规和非正规就业两种劳动力市场之间的流动和壁垒问题。从理论上说,两种劳动力市场之间的流动应该是自由的、双向的,但是实际上向上流动的机会极少。目前这种流动的壁垒多产生于制度性因素。他们的升迁路径基本上只有从受雇到自我雇佣一条。这种上行通道的堵塞,造成相当消极的影响。所以,减少对非正规劳动力市场的歧视,拆除人为设置的壁垄,改变个人在劳动力等级上的凝固化,使两个市场之间增加流动可能也是必要的。[68]张杰也指出,非正规就业具有不可逆性,无论是主动还是被动地从正规就业岗位进入非正规就业岗位的劳动者,由于中断了此前因正规就业建立起来的人际关系网络,与正规就业者进行交流的机会减少,尤其是缺乏有关正规工作岗位就业的信息,使得他们重新进入正规就业岗位工作的可能性减小。此外,由于非正规就业者受其工作环境、经济社会地位、思维模式的影响,非正规就业者会逐渐形成有别于正规就业者的偏差行为、生活方式和价值观念,并且这种差异不仅体现在个体层面,而且会扩散到整个非正规就业群体层面,导致非正规就业和正规就业的空间分割,进而造成正规就业者对非正规就业者的排斥现象,形成就业歧视,进一步降低了非正规就业者进入正规部门就业的可能性,对劳动者的就业地位产生永久的降级作用。[69]

(五)非正规就业与城市贫困

刘玉亭通过对国内外有关城市贫困以及城市社会空间分异的研究内容的总结,结合中国的实际背景分析,形成我国城市贫困社会空间研究的理论框架和基本思路,为我国城市贫困以及相关的城市社会极化、城市社会空间分异的研究提供了一定的理论和方法论基础。[70]该学者选择社会地理学的独特视角,对当前社会各界普遍关注的城市贫困问题,以南京市作为实证,从社会调查到理论假设,再到理论检验和总结,全面系统地剖析了我国转型时期城市贫困的产生背景、结构特征及产生机制,并着重分析了我国转型时期城市贫困阶层的居住空间、日常活动空间和感知空间。

(六)社会极化的研究

在关注非正规就业迅猛发展的同时,学者也越来越重视社会极化的研究,具体研究内容如下。

1. 社会极化的定量研究

金玉国探讨收入分配与社会分化模式的计量方法,拓展了洛伦兹曲线的应用领域。基尼系数是基于洛伦兹曲线判断收入分配公平程度、贫富分化程度的指标。[71]王检贵对该指标有更深入的认识:基尼系数虽然由洛伦兹曲线计算出来,但两者之间并不存在一一对应的关系,不同的洛伦兹曲线所代表的收入分配状况是不一样的,但它们却有可能得出同样的基尼系数。中国洛伦兹曲线的特点是具有明显的弯曲线:下段较平缓,上段较陡峭,中间一段接近直线型。这体现了我国中间收入阶层的人口比重较小,而中低收入阶层的人口比重较大,同时还体现了我国中间阶层内部与中低收入阶层内部的收入差距较小。因此,在基尼系数相近的情况下,我国的收入不平等程度要大一些。[72]

2. 社会极化的实证研究

顾朝林等以北京等地区为例进行北京社会极化与空间分异研究,分析其动力机制在于城市职能转变、国际资本的投入以及农村人口涌入城市。[73]张文忠对北京城北与城南的棚户区与高级别墅区进行比较,研究北京社会空间极化。[74]徐林清探讨由于社会极化而可能造成的农民反城市化效应。[75]杨上广针对上海的社会极化的空间响应进行了研究,研究认为社会极化、居住分异与隔离等许多影响城市可持续发展的不利因素在城市空间上高度集聚。[76]蔡丽茹通过对珠三角城市社会极化现象及其产生的社会民生问题的分析,对传统城镇化路径中出现的问题进行反思,并以此为基础提出新型城镇化路径选择的方向。[77]

3. 新城市贫困研究

社会极化产生的另一个问题是新城市贫困问题。张敦富等尖锐地指出,流入城市的农民工是目前和将来最大的城市贫困群体。[78]针对社会极化,很多学者也从不同的角度提出了对策,如居住分离到混合社区的建设、农业现代化的发展,国家对农村税收各方面政策的倾斜、大力发展社区就业、广泛开展职业培训、加快政府政策的平民化、培养市民和农民工的文化宽容心态等。梁汉媚、方创琳等分析了中国城市贫困人口的组成结构、空间分异等,也指出农民工成为新的城市贫困群体,城市越大农民工规模也越大。[79]杨舸指出,贫困不仅是经济上的,还包括社会方面的贫困。部分流动人口,特别是农民工群体增加了城市相对贫困的可能性,其应对风险的能力也较为有限,我国应为新城市贫困的形成清除制度障碍。[80]孙中伟等聚焦农民工就业质量提升,从理论上阐明了农民工就业质量与市民化之间的关联,认为高质量就业是促进农民工高质量全面市民化的基础。[81]但当前中国农民工就业质量偏低,且面临老龄化加剧、就业灵活性扩张、工资增长相对滞缓等挑战,非但难以支撑起农民工全面市民化的发展目标,还存在沦为城市新贫困群体的风险。

4. 反社会极化措施研究

沈湘平指出我国城市社会发展的中心化或极化现象长期存在,社会结构映射到空间上的日益区隔等是亟须应对的问题。在诸多解决措施中,反社会极化的干预措施的核心方法包括积极就业、适当的福利,扶持和引导非正规就业,即发展非正规部门就业是我国消除城市贫困的主要渠道。由于体制、经济原因,非正规就业在我国将长期存在,积极扶持引导非正规就业意义重大。[82]刘洪等探讨了非正规经济的国际比较及其对我国的借鉴,从企业管理、反腐廉政建设、税收、社会保障、民主法制、政府对经济的干预等方面,提出治理我国非正规经济的建议。[83]也有学者提出权衡城市社会保障制度结构设计上一元化与多元化途径,从城市劳动力市场分割和非正规就业的现实出发,建立多元化的城市社会保障制度更具可行性。

非正规就业对社会空间分化的积极意义体现在减缓弱势群体的贫困程度,有利于社会安定。非正规劳动力市场的存在,恰恰对这些"脆弱工人"来说,具有非常重要的"生存战略"意义,减轻了社会极化。

综合上述可见,非正规就业对于社会空间分化是一把"双刃剑"。

三、以上海为例的非正规就业及社会空间分化研究

(一)上海市非正规就业相关研究

上海是我国最早提出"非正规就业"的城市。1996年7月,上海市再就业工程领导小组办公室在其颁布的《关于实施再就业工程试点工作的若干政策》中,首次提出成立生产自救性的劳动组织及社会服务等非正规就业性质

的劳动组织,承诺对这类组织在3年内不收地方税费,也不收取基本社会保障费用以外的所有社会性缴费。1996年10月,上海市再就业领导小组办公室又专门制定了《关于鼓励下岗人员从事非正规劳动组织就业的若干试行意见》。

杨军勇等以上海市为例,进行了非正规经济发展与农民工就业状况变化分析,指出非正规经济的迅速发展不仅没有给主要在非正规经济领域谋生的农民工带来多少益处,反而加剧了农民工的边缘化地位。[84]如上海市社区非正规经济的迅速发展缩小了农民工的生存空间,非正规经济的"正规化"趋势加强,适合于农民工从业的非正规经济领域越来越小,非正规经济市场的企业化趋势和大资本垄断进一步瓦解了农民工的生存条件。形塑社会改革逻辑,谋求经济增长和社会状况的自然改善是一个急待研究探讨的课题。

白冰冰分析了上海市非正规就业的发展及其城市空间形态。[85]乔观民对流动人口的非正规就业的行为空间进行了研究。[86]任远探讨了非正规就业的"上海模式"[87]。郭永昌探讨了流动人口的非正规就业的空间竞争问题。[88]

(二)上海市社会空间分化研究

早在1986年,虞蔚从介绍西方城市社会空间规律和研究方法入手,定性地分析了上海中心城区社会空间的特点、形成条件及与城市规划的关系。

1. 上海社会空间分化的演化阶段

上海社会空间经历解放前、新中国的建立、改革开放三个阶段的演化。第一阶段:自发形成的工业居住混合区和有一定规划的新市区四大区块。[89]第二阶段:中国大城市的社会空间分布表现为簇状单位大院之间的异质,单位居住区内成员混杂,社会构成表现为异质。[90]第三阶段:居住区之间的异质性加强,不同社区在物质设施、社区管理服务、社区文化、住房价格和空间布局等方面存在很大差异。同时,居住区内部的均质性则相对增加。[91]新的社会分层和住房市场的多样化正重塑城市社会空间。[92]

2. 上海社会空间分异及其影响因子研究

黄吉乔研究了上海居住空间结构的演变。[93]李志刚等以三个社区为例对上海社会空间分异进行实证研究,强调分异中的社会空间形态对城市规划的新要求,市场转型迫切需要规划师拓宽视野,关注空间资源配置的公平合理。[94] 在此基础上,他又研究了转型期上海社会空间分异,[95] 提出上海社会空间分异的四个主因子:外来人口、离退休和下岗人员、工薪阶层和知识分子。但笔者认为,该研究的不足在于数据源,研究的范围包括了上海中心城区及浦东、宝山两区,但是外来人口众多、经济各方面发展迅速的闵行区却不在研究范围之内,数据的缺失,影响了研究结论的可靠性。

社会空间分异的程度如何?是否存在社会空间极化?李志刚等对全球化下我国城市社会空间发展的趋向进行分析,发现上海目前的社会经济结构尚未出现社会空间极化。通过对社会空间因子空间分布的实证分析,进一步揭示上海社会空间分异程度尚不明显。[96]

仇立平从职业地位对上海社会结构与社会分层进行研究,指出职业地位是社会分层的指示器。[97]

丁金宏在上海做了一些尝试,对非正规就业者在城市内部的就业地、居住地的微观差异分析,研究发现,非正规就业人员居住、就业区位的一种"脊环"构造模式。

综合国内外非正规就业以及社会空间分化的研究现状,可以发现社会学、经济学学者对该领域的研究予以更多的关注,而从地理学视角,特别是社会地理学视角的研究则较为有限。进城务工人员首先发生的是空间位置的变化,从原有的农村向中国的大城市的迁移,是一种地理现象。迁移不单纯是空间位置的变化,更多的还有生产方式的变化,由传统的第一产业转移到第二产业和第三产业,产业的转移在我国二元户籍制度壁垒和多重因素的共同作用下,形成既不同于传统农业也不同于正规的工业和服务业的生产方式,即在非正规就业部门进行生产,这种中间状态的非正规就业映射在城市空间中具有怎样的空间分布特征?空间分布特征形成的机制是什么?非正规就业在乡城流动人口的务工群体中具有怎样的分异?该分异的空间映射如何?在美国存在着低收入群体在逆向城市化过程中的居住与就业空间分离的现象，职住分离引发系列社会、经济问题，低收入群体形成恶性循环。在中国大城市乡城流动人口的非正规就业与居住空间存在着怎样的关联？是否和美国存在同样的职住分离现象，如果不同如何解释？另外，从社会空间分化的视角看，可以断定城市社会空间由于该群体的存在而产生新的分化，社会空间分化对乡城流动人口的非正规就业又具有怎样的影响？乡城流动人口的非正规就业和城市社会空间分化之间存在怎样的关系？如果预判乡城流动人口的非正规就业促使城市社会空间分化，甚至有社会极化的趋势，如何避免或减轻社会极化？一系列问题都值得社会地理学者进行深入的研究和思考。

主要参考文献

[1] Hart K., Informal Income Opportunities and Urban Unemployment in Ghana. Journal of Modern African Studies. 1973, 11: 61-89.

[2] ILO. World Employment Report. Employment, Productivity and Poverty Reduction, Geneva. 2004.

[3] 刘洪,程庆生.非正规经济的国际比较及对我国的借鉴[J].统计研究,2004(07): 27-30.

[4] 刘易斯.二元经济论[M],施炜,等译,北京经济学院出版社,1989.

[5] 托达罗.第三世界的经济发展(上)[M],于同申等译,中国人民大学出版社,1988.

[6] Hart K. Informal Income Opportunities and Urban Unemployment in Ghana[J]. Journal of Modern African Studies, 1973, (11): 61-89.

[7] Silver H. Social Exclusion: Rhetoric Reality Responses. Geneva: International Institute for Labour Studies. 1995.

[8] Littlewood, P. and Herkommer, S. Identifying social exclusion: some problems of meaning. In Littlewood, P.(ed.), Social Exclusion in Europe: Problems and Paradigms. Aldershot: Ashgate. 1999, 1-22.

[9] Madanipour, A., Cars, G. & Allen, J. 'Social exclusion in European cities'. In A. Madanipour, G. Cars & J. Allen (eds) Social Exclusion in European Cities: Processes, Experiences and Responses, London, The Stationary Office. 1998.

［10］Uitermark J. 'Social mixing' and the management of disadvantaged neighbourhoods: the Dutch policy of urban restructuring revisited. Urban Study. 2003，40（3）：531-549.

［11］van Beckhoven, E. and van Kempen, R. Social effects of urban restructuring: a case study in Amsterdam and Utrecht, The Netherlands, Housing Studies, 2003，18(6): 853-875.

［12］Lefebvre H. The Production of Space. Oxford: Blackwell. 1991.

［13］P. L. Knox, S. Pinch. Urban social geography: An introduction (4th ed.), Prentice Hall, Englewood Cliffs, NJ. 2000.

［14］Soja E W, "The socio-spatial dialectic" Annals of the Association of American Geographers. 1980，207-225.

［15］Sassen, S. The global city. New York, London, Tokyo. Princeton: Princeton University Press. 1991.

［16］P. Marcuse, 'Dual city: a muddy metaphor for a quartered city', International Journal of Urban and Regional Research, 1989，13(4): 697-708.

［17］Hamnett, Chris. "Social Polarisation in Global Cities: Theory and Evidence." Urban Studies. 1994，31: 401-424.

［18］钱志鸿,黄大志.城市贫困、社会排斥和社会极化[J].国外社会科学,2004.

［19］Fainstein SS, Gordon I, Harloe M. Divided cities: New York and London in the contemporary world. Blackwell, Oxford. 1992.

［20］Wilson WJ. The Truly Disadvantaged: The Inner City, the Underclass, and Public Policy. Chicago, IL: University of Chicago Press. ([1987] 2012).

［21］Ilieva, Nadezhda and Boris Kazakov. "The Residential Quality in the 'Hidden' Roma Neighbourhoods: A Case Study of Harman Mahala, Plovdiv." Key Challenges in Geography. 2021.

［22］ILO. International Labour Review, 2003，142(3).

［23］Pietro Garibaldi, Etienne Wasmer. Equilibrium Search Unemployment, Endogenous Participation and Labor Market Flows. Journal of the European Economic Association, 2005, 3 (4): 851-882.

［24］冷熙亮,丁金宏.城市非正规就业发展及其问题——以上海为例的探讨[J].社会,2000(11): 15-18.

［25］李娜.探析我国非正规就业产生的原因[J].商业经济,2005(11): 60-61.

［26］陆益龙.户籍立法:权力的遏制与权利的保护[J].江苏社会科学,2004(02):

89-93.

[27] 陈昆仑,侯秋炜,张祚.城市大型开发项目中非正规小市场的形成机制——以武汉"楚河汉街"武重小市场为例[J].人文地理,2015,30(02):126-133.

[28] 王金伟,王国权,张赛茵,等.基于捕获-再捕获方法的城市旅游非正规就业群体规模测算——来自北京市的实证研究[J].地理科学,2022,42(07):1239-1249.

[29] 彭希哲,姚宇.厘清非正规就业概念,推动非正规就业发展[J].社会科学,2004(07):63-72.

[30] 丁金宏,冷熙亮,宋秀坤,等.中国对非正规就业概念的移植与发展[J].中国人口科学,2001(06):8-15.

[31] 陈明星,黄莘绒,黄耿志,等.新型城镇化与非正规就业:规模、格局及社会融合[J].地理科学进展,2021,40(01):50-60.

[32] 金一虹.非正规劳动力市场的形成与发展[J].学海,2000(04):91-97.

[33] 张华初.非正规就业:发展现状与政策措施[J].管理世界,2002(11):57-62.

[34] 袁霓. 中国女性非正规就业研究[D].北京:首都经济贸易大学,2013.

[35] 张宛丽.中国社会阶级阶层研究二十年[J].社会学研究,2000(01):24-39.

[36] 曹子玮.农民工的再建构社会网与网内资源流向[J].社会学研究,2003(03):99-110.

[37] 王毅杰,童星.流动农民社会支持网探析[J].社会学研究,2004(02):42-48.

[38] 卓玛草,孔祥利.农民工收入与社会关系网络——基于关系强度与资源的因果效应分析[J].经济经纬,2016,33(06):48-53.

[39] 李国正,韩文硕,艾小青,等.社会关系网络重构与流动人口创业活动——作用机理与政策含义[J].人口与经济,2021(03):1-17.

[40] 崔凤,张海东.社会分化过程中的弱势群体及其政策选择[J].吉林大学社会科学学报,2003(03):65-71.

[41] 杨云彦.改革开放以来中国人口"非正式迁移"的状况——基于普查资料的分析[J].中国社会科学,1996(06):59-73.

[42] 谭琳,李军锋.我国非正规就业的性别特征分析[J].人口研究,2003(05):11-18.

[43] 曾芬钰.论城市化的本质与"农民工"的终结[J].当代经济研究,2003(10):11-14.

[44] 郑传贵,卢晓慧.当前我国城市社群隔离产生的原因、危害及对策[J].城市问题,2003(06):72-75.

[45] 丁金宏,朱庭生,朱冰玲,等.论城市两地户口婚姻的增长、特征及其社会政策寓

意——以上海市为例[J].人口研究,1999(05):1-8.

[46] 李强.非正规就业视角下农民工市民化的现实困境与路径选择[J].城市问题,2016(01):99-103.

[47] 丁述磊.非正规就业对居民社会融入的影响及其传导效应研究[D].大连:东北财经大学,2020.

[48] 佟大建,金玉婷,宋亮.农民工市民化:测度、现状与提升路径——基本公共服务均等化视角[J].经济学家,2022(04):118-128.

[49] 李强.当前我国社会分层结构变化的新趋势[J].江苏社会科学,2004(06):93-99.

[50] 郑杭生,李路路.当代中国城市社会结构——现状与趋势[M].北京:中国人民大学出版社,2004.

[51] 李培林.中国就业面临的挑战和选择[J].中国人口科学,2000(05):1-8.

[52] 李强.社会学的"剥夺"理论与我国农民工问题[J].学术界,2004(04):7-22.

[53] 黄乾,原新.非正规部门就业:效应与对策[J].财经研究,2002(02):52-58.

[54] 杨凡.非正规就业对流动人口社会融合的影响研究——基于北京市调查数据的分析[J].中南财经政法大学学报,2016(06):30-35+159.

[55] 夏伦,沈寒蕾.流动人口真的融入社会了吗?——基于结构方程模型的流动人口社会融入研究[J].人口与发展,2022,28(02):138-151.

[56] 吴启焰,任东明,杨荫凯等.城市居住空间分异的理论基础与研究层次[J].人文地理,2000(03):1-5.

[57] 艾大宾,王力.我国城市社会空间结构特征及其演变趋势[J].人文地理,2001(02):7-11.

[58] Gu and Shen,2003.Transformation of urban socio-spatial structure in socialist market economies: The case of Beijing Habit at International,2003,27(1):107-122.

[59] X. Hu, D. H. Kaplan. The emergence of affluence in Beijing: residential social stratification in China's capital city. Urban Geography,2001,22(1):54-77.

[60] 顾朝林,蔡建明,张伟等.中国大中城市流动人口迁移规律研究[J].地理学报,1999(03):14-22.

[61] 韩冉,李红.关于二元结构理论和城市化进程的思考——试析"城中村"问题产生的原因和解决的有效途径[J].经济师,2003(09):62-63.

[62] 韩毅.城中村:农村城市化必须破解的难题[J].中国特色社会主义研究,2004(02):54-56.

[63] 韩潮峰.我国"城中村"问题的研究[J].经济师,2004(01):271-272.

[64] 申悦,柴彦威.基于日常活动空间的社会空间分异研究进展[J].地理科学进展,2018,37(06):853-862.

[65] 陈梓烽.基于时空行为大数据的城市社会空间分异研究[J].人文地理,2022,37(06):72-80.

[66] 张秀娥.社会分化所带来的就业挑战[J].工业技术经济,2004(03):8-10.

[67] 刘毅华,陈浩龙,林彰平,等.城中村非正规经济的空间演变及其对土地利用的影响——以广州大学城南亭村为例[J].经济地理,2015,35(05):126-134.

[68] 金一虹.非正规劳动力市场形成和发展中的几个问题[J].中国劳动,2000(10):7-10.

[69] 张杰,马斌.论非正规就业中的劳动关系[J].贵州财经学院学报,2004(02):15-18.

[70] 刘玉亭,何深静,李志刚.南京城市贫困群体的日常活动时空间结构分析[J].中国人口科学,2005(S1):85-93.

[71] 金玉国.收入分配与社会分化模式的计量分析——Lorenz曲线应用的一个拓展[J].统计研究,1997(06):32-34.

[72] 王检贵.城乡收入差距与经济相对过剩[J].上海经济研究,1999(01):8-12.

[73] 顾朝林,C.克斯特洛德.北京社会极化与空间分异研究[J].地理学报,1997(05):3-11.

[74] 张文忠,刘旺.北京城市内部居住空间分布与居民居住区位偏好,地理研究,2003.

[75] 徐林清.我国农村劳动力转移方式的特征及其反城市化效应[J].乡镇经济,2002(09):7-9.

[76] 杨上广,丁金宏.极化开发的人口空间响应及社会效应研究——以上海浦东新区为例[J].华东师范大学学报(哲学社会科学版),2004(05):66-71+123.

[77] 蔡丽茹,刘炜.珠江三角洲城市社会极化与新型城镇化路径选择[J].城市观察,2017(03).

[78] 张敦富.城市相对贫困问题中的特殊群体:城市农民工[J].人口研究,1998,22(2):50-53.

[79] 梁汉媚,方创琳.中国城市贫困人口动态变化与空间分异特征探讨[J].经济地理,2011,31(10):1610-1617.

[80] 杨舸.流动人口与城市相对贫困:现状、风险与政策[J].经济与管理评论,2017,33(01):13-22.

[81] 孙中伟,张旭创.新时期农民工就业质量提升的主要挑战与政策应对[J].浙江

工商大学学报,2023(01):147-159.

[82] 沈湘平.中国城市社会发展的逻辑紧张及其影响[J].探索与争鸣,2017(12):87-91.

[83] 刘洪,程庆生.非正规经济的国际比较及对我国的借鉴[J].统计研究,2004(07):27-30.

[84] 杨军勇,柴定红.非正规经济发展与农民工就业状况变化分析——以上海市为例[J].南阳师范学院学报(社会科学版),2004(01):28-30.

[85] 白冰冰.上海市非正规就业的发展及其城市空间形态研究[D].上海:华东师范大学,2004.

[86] 乔观民.大城市非正规就业行为空间研究[D].华东师范大学,2005.

[87] 任远.完善非正规就业"上海模式"的思考[J].社会科学,2008(01):119-124+191.

[88] 郭永昌.流动人口非正规就业空间竞争:基于上海若干样点的调查[J].特区经济,2008(02):58-59.

[89] 庄林德,张京祥.中国城市发展与建设史[M].南京:东南大学出版社.2002.

[90] F. Wu, A. G. O. Yeh. Changing spatial distribution and determinants of land development in chinese cities in the transition from a centrally planned economy to a socialist market economy: a case study of guangzhou. Urban studies, 1997, 34 (11): 1851-1879.

[91] 都市郊区住宅的新趋向-北京郊区居住空间分化与居住模式变革.中国建设报.2003.

[92] Wu, F Sociospatial. Differentiation in Urban China: Evidence from Shanghai's Real Estate Markets[J]. Environment and Planning A, 2002(34): 1591-1615.

[93] 黄吉乔.上海市中心城区居住空间结构的演变[J].城市问题,2001(04):30-34.

[94] 李志刚,吴缚龙,卢汉龙.当代我国大都市的社会空间分异——对上海三个社区的实证研究[J].城市规划,2004(06):60-67.

[95] 李志刚,吴缚龙.转型期上海社会空间分异研究[J].地理学报,2006(02):199-211.

[96] 李志刚,吴缚龙,高向东."全球城市"极化与上海社会空间分异研究[J].地理科学,2007(03):304-311.

[97] 仇立平.职业地位:社会分层的指示器——上海社会结构与社会分层研究[J].社会学研究,2001(03):18-33.

第三章

非正规就业影响社会空间分化理论和现实分析

伴随着我国社会现代化程度的不断提高、产业结构的调整,以及行业分工的日益细化,劳动者的职业形态也变得更加多样化,就业形式日趋复杂。各种分散的、零星的、自由的就业模式随处可见。正如许多理论文章中所说的,"我国目前传统的占绝对主流的正规就业模式日益被正规就业与非正规就业的二元化就业模式所取代"。

第一节 非正规就业的定义

一、国际劳工组织对非正规就业的定义

非正规就业一词源于国际劳工组织(ILO)。20世纪60年代后期,国际劳工组织推行世界就业计划,向一些发展中国家派出就业使团,帮助他们研究和制定国家和区域的就业发展计划。使团的专家们发现,在发展中国家的大城市中许多失业者为了生计,从事一些未经政府承认、登记,也得不到政府保护和管理的经济活动。1972年,就业使团在肯尼亚完成了一份题为《就业、收入与平等:肯尼亚增加生产性就业的战略》的研究报告,首次把这类经济活动命名为"非正规部门"。[1]国际劳工组织没有给非正规部门下严格的定

义,而是代之以特征的归纳:(1)市场容易进入;(2)依赖于当地资源;(3)家庭所有制;(4)小规模经营;(5)劳动密集、技术含量低;(6)从正规教育系统以外获得技能;(7)不规范的、竞争的市场。[2]从事非正规经济活动并取得收入的行为就称为非正规部门就业或非正规就业。[3]

根据国际劳工组织后来的一些报告,非正规就业被定义为"发展中国家城市地区那些低收入、低报酬、无组织、无结构的生产规模很小的生产或服务单位。"ILO同时认定它有三种类别:一是小型或微型企业类,二是家庭企业,三是独立的服务者。[4]

二、发达国家非正规就业的定义

发达国家大多不太承认非正规就业。发达国家认为,没有被政府统计的和没有交税的活动为非正规就业,原因是大多数发达国家具有完善的社会保障制度。一般地,发达国家的失业人员都具有相应的社会救助,因此非正规就业常常与非法经济联系在一起,被称为"黑色""地下""影子""不正式""底层"经济。只有在整个宏观经济持续低迷、失业率比较高时,才偶尔承认非正规就业的存在。[5]

三、发展中国家非正规就业的定义

发展中国家定义标准与发达国家不同。发展中国家强调非正规就业的穷人经济特性。其实,在发展中国家也存在拉丁美洲和非洲两种不同的定义。拉丁美洲以 De Soto 在 1989 年提出的非正规就业概念为主导,认为是政府过度管制而导致非正规就业的大量产生;而非洲国家认为非正规就业是贫困而导致的生计活动。

四、我国非正规就业的定义

我国非正规部门主要是指在依法设立的独立法人单位、企事业单位、政府机构和社会团体、社会组织之外的规模很小的经营单位。包括:(1)由个人、家庭或合伙自办的微型经营实体,如个体经营户、家庭手工业户、雇工在7人以下的个人独资企业等;(2)以社区、企业、非政府社团组织为依托,以创造就业和收入为主要经营目标的生产自救性和公益性劳动组织;(3)其他自负盈亏的独立劳动者。[6]

我国的非正规就业特别是针对农民工,值得强调的是,他们在就业、医疗、劳动保障、福利、养老等方面,缺乏正规的社会福利体系保障。

第二节 非正规就业的特点和发展趋势

一、非正规就业处于社会分层的底层

不同国家虽然界定的范围不同,但共同点体现在处于社会分层的下层。"非正规就业",最初就是指在"非正规部门"的就业,其部门特性就决定了非正规就业的性质是低收入、无保障、松散、隐蔽的。

由于历史、经济、文化和法律的背景不同,世界各国对非正规就业的具体界定也不尽相同。在泰国,非正规部门指20名以下工人的小企业和自谋职业者;在印尼,指家庭工人和其他零工组成的自谋职业者;在越南,指总的就业中除公共和私营单位就业后所余下的部门;在巴基斯坦,指无保障的经常性或临时性就业和自谋职业者;在韩国,指5名工人以下的微型企业和自谋职业者;在菲律宾,指自谋职业者和国家统计之外的剩余部门。而在发达国家,则把流动商贩、家政服务、家庭维修、自由撰稿人、分包小企业、儿童护理、园艺、家庭教师等视为非正规部门活动。[7]

二、非正规就业在发展中国家呈上升趋势,并促使社会空间分化

非正规部门是大多数发展中国家以及一些工业化国家经济、社会和政治生活的重要组成部分。20世纪90年代,城市非正规部门女性就业份额均高

于男性。目前,城市非正规部门就业超过50%的国家,非洲有9个(喀麦隆、科特迪瓦、赞比亚、加纳、肯尼亚、马达加斯加、马里、坦桑尼亚、和乌干达),拉丁美洲有3个(玻利维亚、哥伦比亚和秘鲁),亚洲有1个(巴基斯坦)。从总体上来看,撒哈拉附近非洲国家城市非正规部门就业份额最高(超过70%),而中欧、东欧国家和苏联国家的非正规部门就业份额最低。[8]

第三节 从非正规就业的基本理论看其对社会空间分化的影响

一、非正规就业的三种学说

根据阿·刘易斯、托达罗、哈特、法伊格等非正规就业理论的起源和发展的研究表明:非正规就业有三种学说渊源:国际劳工组织的贫困就业理论、刘易斯-托达罗的二元经济理论和哈特-法伊格的制度边缘理论。

(一) 贫困就业理论

贫困就业理论是一种关于非正规就业产生和发展的内动力学说,强调城市的内部结构分化,特别是由城市失业和贫困化而引起的社会阶层分化,促进了非正规就业的产生和繁荣。国际劳工组织对于这一理论的提出和发展起了奠基作用,该组织创立了非正规就业的概念,并把它视为不充分就业的具体表现,那些没有能力进入现代经济部门的劳动力只好退而求其次,进入非正规部门就业。[9]国际劳工组织为许多经济贫困、落后的国家和地区制定了全国性就业发展计划,使这一理论逐步由概念、实证发展为一种指导发展中国家就业决策的规范理论。

贫困总是相对于富有而存在,这是社会阶层划分的视角。非正规就业最初的初衷是国际劳工组织为解决落后国家和地区的贫困而发展的一种就业模式。落后的国家和地区,从社会空间划分的地域尺度上来说,属于不同范围大小的社会空间。在这种空间下,社会阶层的划分是社会空间分化的一个指示器。因此,贫困就业理论视角的非正规就业与社会空间分化是有关联的。

(二) 二元经济理论

二元经济理论是一种关于非正规就业产生和发展的外动力学说,它跳出城市自身,从城乡关系和城市化的宏观视角解释非正规就业的发育过程。它来源于刘易斯发展经济学的"二元经济模型",这一模型将发展中国家的经济结构分为自给自足的农业经济体系(传统部门)和现代工业体系(现代部门),这两大部门的经济属性和从业者的收入水平存在很大差异,引发了农村向城市的人口流动。刘易斯认为,发展中国家只有发展现代部门吸收农村隐性失业的过剩劳动力,方可使传统部门的发展从收益递减转变为收益递增,从而使整个国民经济由停滞转变为稳定增长,实现现代化。[10]

托达罗等对刘易斯的两部门模型提出怀疑,认为农村剩余劳动力并非由传统部门直接进入城市现代工业部门,而是先进入城市传统经济部门即非正规部门,由此产生大量的非正规就业。后来,托罗达模型得到进一步修正,认为城市就业机会创造比率的提高会吸引更多的农村劳动力,从而进一步提高(而不是如传统理论所说的降低)城市的失业水平。[11]因此,城市政府在提供更多的就业机会的同时,必须面对现实,采取措施有效控制外来劳动力进入城市劳动力市场。

该理论是在更大的社会空间下的非正规就业理论,更大的社会空间划分为城市社会空间和农村社会空间,即所谓的二元结构,城市相对农村差异体现在极大的工资收入差异上,这也导致农业剩余人口向城市的流动,进入非正规就业,当流动达到一定规模时,必然对原有的二元社会空间划分产生影响。有所谓的新三元结构的说法,或者是城市的新二元结构。可见,从二元经济理论这个视角来看,也能说明非正规就业和社会空间分化的必然联系。

(三) 制度边缘理论

这一理论把非正规就业视为国民经济体系中客观存在的有机成分,侧重于研究正规与非正规经济活动在制度和管理属性上的差别。经济学家哈特于 1973 年首先提出了非正规经济的概念,即劳动者不依靠政府创造机会而自主就业。广义地讲,非正规就业就是不注册、不纳税的经济活动中的就业,非正规部门是介于城市现代部门与传统农业部门之间的,主要吸纳城市非熟练工人、失业者和农村流入劳动力的经济活动单位。[12] 就这个意义上说,非正规经济并非像国际劳工组织所描述的那样,是工作机会不足状况下穷人的生存机制,而是在国家严格控制的经济制度下市场力量的真正爆发。

虽然从表面上看,该理论侧重阐述的是非正规与正规的差别,体现在制度和管理属性上,但我们看该理论下非正规就业所吸纳的群体是社会的弱势群体,这种弱势表现为技能低下、无业和农业人口的转移,农村人口的转移根据上面述及的二元经济理论,他们是边缘群体,只不过是表现为制度上的边缘特征而已。所以,制度边缘理论仍然离不开我们所探讨的主题即该理论也与社会空间分化密不可分。

从性质来看,非正规就业包括:(1) 社会边缘人群在制度边缘的就业;(2) 发展中国家快速城市化过程中高失业率和非正规需求共同作用的产物;(3) 介于正规就业与失业之间的缓冲区。

二、非正规就业的社会分析理论视角

使用"非正规就业"概念本身就是在运用社会分析的理论模型。以往,对于城市非正规部门的研究,有过五种不同的理论视角:即现代化理论(modernization theory)、依附理论(dependency theory)、新自由主义(neo-liberalism)、马克思主义和新马克思主义、世界体系理论(world systems theory)。[13]

(一) 现代化理论

工业化所引发的社会分工分化,不仅是自威廉·配第和亚当·斯密以来几乎所有重要的经济学家都不同程度论述过的理论问题,而且是 F.滕尼斯和 E.迪尔凯姆等经典社会学家曾深入研讨过的重要课题。斯梅尔瑟认为:"现代化过程是一个社会分化与社会整合之间对位性相互作用的过程。"

(二)依附理论

依附理论是指非正规就业依附于正规就业而存在,是其附属,在其残留的夹缝或者正规就业覆盖不到的经济活动空间生存。

(三)新自由主义

新自由主义是一种政治经济学的哲学思想,崇尚个人自由,有利于社会矛盾的调解和缓解,维护自由竞争的市场,自20世纪70年代以来备受重视。在经济自由主义思潮影响下,非正规就业的产生和发展有其理论渊源。

(四)马克思主义和新马克思主义

马克思主义者提出资本家为了压低工资,产生更高的利润,制造了失业队伍即"产业后备军"。这些"产业后备军"往往为了生存进入非正规部门就业。借助于黑格尔哲学、无政府主义、自由主义以及理性选择理论的观点而产生的新马克思主义者,对非正规经济的性质、作用和前景进行了探讨,肯定了非正规经济的积极意义。

(五)世界体系理论

世界体系理论作为一种理论和方法主要兴起于20世纪70年代的美国,该理论认为,现代世界体系是一个由经济、政治、文化三个基本维度构成的复合体。其中,世界经济体系是基本层面,其最主要特征就是世界经济的一体化及不平等。在一体化及不平等的特征下,资本家为了降低成本,弹性工作大量出现;而处于体系的半边缘及边缘化地位的国家和地区,就业机会依然有限,就业结构发生了变化,底层经济应运而生。

三、世界非正规就业产生的背景

(一)发达国家

1. 移民和偷渡者繁荣了发达国家的非正规经济

这也是发达国家与发展中国家非正规经济区别之一。发达国家的移民和偷渡者主要来自经济较为落后或人口众多的发展中国家,从大的角度来看,非正规经济属于落后人群的经济或来自落后国家的人群的经济。

2. 非正规经济规模小于发展中国家

施耐德（F. Schneider）对 84 个 OECD（Organization for Economic Cooperation and Development，简称经合组织）成员国和发展中国家非正规经济规模的调查结果显示，1997—1998 年，意大利非正规经济规模占国内生产总值的 27.3%，西班牙非正规经济占 23.1%，德国非正规经济占 14.7%，法国非正规经济占 14.7%，澳大利亚占 8.93%。发展中国家的非正规经济占其国内生产总值的比例远高于发达国家。泰国的非正规经济占其国内生产总值的比例达到了 70%，埃及的比例达到了 68%，秘鲁达到了 44%，马来西亚占 39%，智利占 37%，巴西占 29%。[14]

3. 发达国家的非正规就业产生于 20 世纪 70 年代爆发石油危机后

当时许多国家调整了经济发展模式，生产的分散化趋势增强，在一定程度上改变了经济关系和社会关系。许多企业为了减少工会权利的压力和逃避过度的税收，将生产的一些程序分散到小企业甚至家庭，从而产生了一批非正规经济企业。

(二) 发展中国家

以拉美国家为代表的发展中国家非正规就业主要是在拉美地区过度城市化和经济自由化的背景下产生的。

1. "过度城市化"的拉丁美洲

拉美地区的现代城市化进程始于 19 世纪末期。1900 年，整个拉美地区城市化水平为 25%。到 20 世纪 30 年代，大多数拉美国家先后进入工业化发展阶段，城市化进程也开始加速，1945 年城市化水平达到 39%。20 世纪 50 年代，一些拉美国家推行"进口替代"战略，伴随着工业以及服务业的迅速发展，农村剩余劳动力涌入城市，形成以中心城市为核心的大都市区。但自 60 年代后，由于遭受严重的经济衰退，加上政府不重视农业，大量破产农民涌入城市，该地区城市人口由 5 400 万迅速增加到 1990 年的 3.14 亿，占总人口比例达 71.4%，阿根廷、智利和乌拉圭等国的城市化水平甚至超过 80%。

虽然从人口城市化水平来看，拉美地区同西方发达国家相差不大，但拉美的经济发展水平却远远落后于后者。总体而言,拉美的城市化是建立在农村经济持续恶化、普通农民大量破产基础之上的。这里的农村大庄园制度导致土地兼并现象十分严重,大量农民在破产并丧失发展空间后,不得不进入城市寻找新的生存机会。但由于拉美主要国家自20世纪60年代后,工业和整个经济的增长缓慢,甚至不时爆发经济危机,城市就业机会严重不足,而农民缺乏工业技能,加上工业化水平提高对劳动力的需求相对减少,导致大多数新进城市者为了生计只能从事一些属于第三产业的非正规就业行业,如饮食、家政服务、沿街销售等。这种没有经济同步发展作为基础的城市化,必然导致城市"病态"发展,人口拥挤、住房短缺、贫富悬殊、毒品及暴力犯罪、环境污染等问题接踵而来。因此,拉美的城市化被称为"过度城市化"。[15]

2. 经济自由化的影响

国家过度的经济干预窒息了经济发展,需要加以调整。但是改革者盲从了新自由主义的信条,主张国家干预"最小化",无限夸大自由市场的作用。"自由化""私有化""非调控化""市场作用"等被推向经济自由化的极端。完全取消国家对经济的干预,听凭市场自我调节的政策导致种种消极后果。经济改革片面强调经济增长,忽视社会公正。金融垄断资本、少数大企业集团和上层官僚成为发展模式的主要受益者。大批中小企业主破产或濒于破产,很多人被迫步入非正规就业的行列。

四、我国非正规就业产生的经济背景

同发达国家以及拉美等国家相比较,我国的非正规就业有其特殊性:我国拥有世界上最庞大的劳动力规模;经济发展处于工业化中期产业结构剧烈变动时期,同时处于建立和完善社会主义市场经济体制的进程中,劳动就业体制正在发生根本性的转变,劳动力市场尚不健全,更不完善;以加入世界贸易组织为标志,我国对外开放进入了全新的阶段,国内经济受国际经济波动的影响更加明显;近年来的总需求不足状况仍在持续。这样多重背景重叠在同一历史阶段的情况在世界各国的近现代经济发展史上是罕见的。

(一) 产业结构变化使就业结构类型逐渐由"一二三"型转变为"三二一"型

1995—2004年,是我国非正规就业的高速发展时期。在此阶段,伴随着城市化进程加快,我国经历了大规模的经济结构调整和下岗失业浪潮。[16]中国的产业结构调整所带来的从业人员的结构性矛盾也更加突出,表3-1给出了各年份GDP产值结构和就业结构的百分比,从中可以看出那个阶段我国的就业结构性矛盾比较突出,从第一产业中分离出大量的劳动力进入二、三产业,有更多的劳动者选择灵活的就业方式。总的来说,由于结构性矛盾的短期不可调和性,也造成了非正规就业的不可避免。[17]发展非正规就业,不仅能够解决大量城镇新生劳动力和农村剩余劳动力的就业问题,还为正规部门的剩余劳动力再就业提供其他多种就业选择。

表3-1 1978—2021年中国产值结构与就业结构对比

年份	三大产业产值比重			就业结构比重(%)		
	第一产业	第二产业	第三产业	第一产业	第二产业	第三产业
1978	27.7	47.7	24.6	70.5	17.3	12.2
1985	27.9	42.7	29.4	62.4	20.8	16.8
1995	19.6	46.8	33.7	52.2	23.0	24.8
2000	14.7	45.5	39.8	50.0	22.5	27.5
2004	15.2	52.9	31.9	46.9	22.5	30.6
2005	12.6	47.5	39.9	44.8	23.8	31.4
2010	9.3	46.5	44.2	36.7	28.7	34.6
2015	8.4	40.8	50.8	28.0	29.7	42.3
2020	7.7	37.8	54.5	23.6	28.7	47.7
2021	7.3	39.4	53.3	22.9	29.1	48.0

资料来源:《中国统计年鉴(2022)》。

(二) 城镇劳动力人口数量大增

随着城镇化进程的推进,中国城市地区自2014年以来已经超越乡村成为吸纳劳动力大军的主战场。此外,从乡村人员从业结构来看,尽管第一产业仍是乡村吸纳劳动力的第一大产业,但从趋势来看,乡村人员从业趋于多元化,第一产业从业人员所占比重自改革开放以来就呈不断下降的趋势。"十三五"期间,农民工总量延续2009年以来的持续增长态势,至2018年已经达到28 836万人。[18] 2021年《人口与劳动绿皮书:中国人口与劳动问题报告No.22》指出,从2010年至今是我国处于人口流动饱和期。流动人口增速不断下降,但由于总量庞大,每年新增流动人口仍然达到800万人,2020年达到了前所未有的规模。[19] 同时,伴随中国的人口城市化进程进入加速阶段,工业园区和其他形式的开发区占据了大量农地,产生了众多的失地农民,进一步加剧了我国人多地少的矛盾,加之本来就不高的农业生产力水平,都导致中国农村地区大量剩余劳动力的持续存在,而难以完全就地消化,因此,农村剩余劳动力的异地转移成为必然。从宏观方面来说,人口老龄化和少子化并存,使得劳动力供给下降,新增劳动力减少,经济周期进入"新常态",产业结构升级使得劳动力市场供需结构发生变化,流动人口就业提升和收入增长出现分化,流动人口家庭在流入地的社会融合始终面临较大体制机制障碍。

除此之外,收入因素也有力推动着农村劳动力向城市转移。数据显示,当今中国农民收入的增长主要靠非农收入,尤其是依赖于在城市非正规就业所获取的收入的增长。2002年,农民的非农收入人均1 341元,其中工资性收入人均840元。当年农民增加的收入几乎全部来自非农业收入增加。而工资性收入是非农收入增长的主要来源。工资性收入增长则主要来自农民外出打工和在本地务工收入增长。从事非正规就业,是农民工处于弱势地位的表现之一,但在中国经济奇迹下农民工的非正规就业又是高效率的,他们是具有强大经济活力的群体。根据《2022年农民工监测调查报告》,2022年农民工总量达到29 562万人,从行业分布来看,47.8%的农民工从事以制造业和建筑业为主的第二产业,从事第三产业的农民工也主要集中在批发和零售业、住宿和餐饮业等劳动密集型部门,很少分布在收入回报较高的行业。2022年农民工月均收入为4 615元,其中外出农民工月均收入5 240元,本地农民工4 026元,因此流动到大城市打工对经济欠发达地区的农民工家庭来说是个经济理性的选择。[20]

(三) 技术变迁对就业的影响

科技进步对就业的影响是双重的,即包括"冲击效应"和"补偿效应",直接效应更多地表现为"冲击效应"。其直接后果就是改变或保持了特定生产过程中的生产要素的组合,即资本和劳动的组成,从而增加、减少或保持了劳动力使用的数量和比例。

(四) 经济全球化与一体化的影响

非正规就业组织和形式的出现与时代特征的转换是密不可分的。历史地看,从工业化经济发展到全球化经济,面向大众的稳定的劳动就业时代已逐渐结束,"世界进入了弹性劳动与经济不稳定、工作不稳定时代",[21]其中,以不稳定为特征的就业形式之一——非正规就业应运而生。

1. 全球化的市场经济内在地为长期的资本张力、技术变革和市场消费需求变动所驱动

众所周知,资本的本性就是无限地向外扩张,企业总是在资本、技术和劳动力三要素之间寻找最优化的组合方式以实现最大的利润。全球化过程形成了全球统一的经济市场,使资本、技术冲出国界,更加畅通无阻地向外扩张,这种运作方式必然加快资本、技术的全球化流动速度。全球化流动的资本和技术总是根据多种多样、千变万化的市场需求在各个国家寻找廉价的劳动力进行优化组合,随着流动速度和频率的加快,产生对流动的和灵活的就业方式的需求。因此,劳动就业由这种流动不居的趋势所决定,也呈现出不稳定的态势。

2. 生产的全球化强化了对高新技术的竞争,技术变迁快速异常

当今社会谁掌握了尖端技术,谁就掌握了市场,技术在实现企业竞争力中起着关键性的作用,如计算机技术快速地更新换代,使经济的不确定性因素增加。对于劳动力来讲,高新技术不仅总是不断排挤技术水平低下、效率低下的劳动,产生技术性失业,而且由于高新技术对传统产业的快速替代和

技术更新频繁,产业结构变化升级快,也造成大量的结构性失业人口,特别是低技术水平的劳动力"就业难"。

3. 市场经济的内在不稳定性在全球化市场经济体系中表现得更为突出

竞争并不总是产生效率,竞争的白热化或恶性竞争总会产生一定的经济和社会后果,产生"市场失灵"现象,需要政府和社会干预调节。

上述三种原因使当今的劳动就业不可避免地出现了多样变换性和不稳定性,就业呈现出灵活性、短期性和流动性特征。"尤其是穷人和无技术的人将受到严重威胁,即使是那些受过教育、能够适应市场的人,也在未来面临着职业频繁变化和收入不牢固等不稳定因素的影响。"

经济全球化的结果就是非正规经济的增长和成熟;这又反过来开始创造出新型的家庭组织、新的家庭及城市空间的分化以及新的公共关系。[22]

第四节 上海市非正规就业的发展现实对社会空间分化具有影响

人口流动的规模完全取决于地区之间贫富差距的幅度以及贫富在地理空间上的分布。目前,人口流动是一个全球性问题。据统计,我国农村现有1.2亿剩余劳动力,占农村劳动力总数的1/4,其中约8000万人离土离乡,涌向大中城市,特别是沿海大城市。改革开放以来,上海外来人口数量急剧增加,1983年,上海共有流动人口50万人,到2000年11月1日第五次人口普查时,外来流动人口已猛增至387.11万人,2010年上海外来人口数量为897.7万,2020年上海常住外来人口已达到1047.97万人。中国历史上一直存在着城乡差别和地区差别,市场经济的大力推进和劳动就业结构的变化,导致这些地区的差异有所扩大,因而引发了农村大量剩余劳动力流入上海。外来流动人口已成为上海人口发展的一个不可分割的重要组成部分,对于上海未来的人口以及经济和社会发展将产生重要影响。上海市非正规就业产生的背景如下：

一、城市化水平高

在我国，北京、上海、天津三个直辖市的人口城市化水平最高，是全国平均水平的近两倍多。上海高居榜首，为88.13%。上海市的人口城市化水平增长是全国之最，增长率达到26.68%，是全国平均水平的近3倍。[23]

二、产业结构调整及发展目标

上海是我国最大的城市，它依托沿江和沿海的区位优势，成为我国最重要的经济中心，正在向国际化大都市迈进。但由于长期受计划经济的影响，上海形成了工业型的产业结构，并且在城区形成工业用地和居住用地相混杂的用地结构，这在一定程度上限制了上海作为全国经济发展龙头的作用的发挥，上海市面临着产业结构和产业布局调整的双重任务。在这种经济转型建制的背景下，上海市的劳动就业问题如影随形，并日益突出。就业压力主要来自以下几个方面：

（一）产业结构调整中出现大批下岗失业人员

据1995年10月1日全国1‰人口抽样调查（上海地区），上海市共有51.129万下岗待工人员，占总人口的3.68%。从年龄结构来看，36岁以上的下岗人员占到总数的41.35%。下岗人员中相当一部分人仅有初中文化程度，加上这部分人大多来源于传统行业（如纺织、机械、化工、轻工等），从业技能单一，再就业难度较大。此外，由于长期在国有企业中工作，很多人自我创业的能力较低，这在一定程度上也影响了再就业工作的开展。

（二）大批的农村剩余劳动力流入城市，给上海的劳动就业带来了一定困难

据上海市第五次流动人口抽样资料显示，外来人口中约有187万属于经济型流动人口，除去非就业原因流动的人口，在上海市就业或有就业动机的外来人口达140万人。这也是解决上海市劳动就业问题时必须要考虑的一

大因素。

(三)产业布局调整中出现的大量不能随迁人口,成为失业大军中的重要组分

这些人中的许多人实际上是国企转型建制,重新布局过程中甩掉的"包袱"。依靠传统的就业模式不能解决规模如此庞大的失业人员的就业问题,这就要求进一步拓宽就业的渠道。[24]

上海市非正规就业无论是在发展规模上,还是在政策环境建设方面,都走在全国的前列。1996年,上海市在全国最早引入了"非正规就业"的概念,并在建设非正规经济过程中,摸索出一条有上海特色的建设之路。上海非正规就业除了具有非正规就业的一般特征外,还有两大特点:一是政府导向性强,二是主要依托社区经济。对于非正规就业群体之一的农民工具有怎样的影响呢?(1)上海市社区非正规就业的迅速发展缩小了农民工的生存空间。(2)非正规就业的"正规化"趋势加强,适合于农民工从业的非正规就业领域越来越小。(3)非正规就业的企业化趋势和大资本垄断进一步瓦解了农民工的生存条件。(4)农民工有限的工作领域,竞争加剧,生活景况越来越差。[25]

历史证明,一定人口涌入城市对社会空间分异产生影响。例如,在激进马克思主义学派看来,资本积累规模的迅速增长,加速城市化进程,而快速发展的城市社会,大量涌入的移民无疑是打开城市社会阶层分化及其空间分异的潘多拉魔盒。

对于二元经济结构明显的发展中国家来说,实现工业化过程中的农业劳动力转移是一个重大的发展问题。中国式的改革使得城市涌现大量农民工(农民工主要以非正规就业的方式进入城市,非正规就业也是下岗工人就业的重要方式)。农民工,是农民还是工人?户籍是农民,从事的工作是城市里工人所做的工作。是工人,却不享有工人的待遇、保障,那么在城市社会空间中这种群体势必处于一种劣势地位,农民工,一种新的阶层的划分,传统的工人、农民、知识分子、商人的划分,由于农民工的存在,而改变了这种局面,

社会阶层的划分又是影响社会空间分化的一个主要因子。大量农民工涌入城市促使社会结构变迁,尤其是社会阶层的分化与组合,其累积效应成为社会极化的重要动力。因此,从构成非正规就业群体的很重要的一部分——农民工群体来看,非正规就业与社会空间分化存在着必然联系。

主要参考文献

[1] ILO. Employment, Incomes and Equity: A Strategy for Increasing Productive Employment in Kenya. Geneva. 1972.

[2] Bangasser PE. The ILO and the Informal sector: An Institutional History. Employment Paper, Geneva. 2000(9).

[3] 丁金宏,冷熙亮,宋秀坤,等.中国对非正规就业概念的移植与发展[J].中国人口科学,2001(06):8-15.

[4] 彭希哲,姚宇.厘清非正规就业概念,推动非正规就业发展[J].社会科学,2004(07):63-72.

[5] 乔观民,丁金宏,刘振宇.对城市非正规就业概念理论思考[J].宁波大学学报(人文科学版),2005(04):1-6.

[6] 张杰,马斌.论非正规就业中的劳动关系[J].贵州财经学院学报,2004(02):15-18.

[7] 杨宜勇.中国转轨时期的就业问题[M].北京:中国劳动社会保障出版社,2002.

[8] 杨宜勇.中国转轨时期的就业问题[M].北京:中国劳动社会保障出版社,2002.

[9] ILO. Urbanization, Informal Sector and Employment: A Progress Report on Research, Advisory Services and Technical Cooperation. WEP, Geneva. 1984.

[10] 刘易斯.二元经济论[M].施炜,等译.北京:北京经济学院出版社,1989.

[11] 托达罗.第三世界的经济发展(上)[M],于同申,等译.北京:中国人民大学出版社,1988.

[12] Hart K. Informal Income Opportunities and Urban Unemployment in Ghana. Journal of Modern African Studies. 1973, 11: 61-89.

[13] 李强,唐壮.城市农民工与城市中的非正规就业[J].社会学研究,2002(06):13-25.

[14] 刘洪,程庆生.非正规经济的国际比较及对我国的借鉴[J].统计研究,2004(07):27-30.

[15] 宁越敏,李健.让城市化进程与经济社会发展相协调——国外的经验与启示

[J].求是,2005(06):61-63.

[16] 胡骞文.我国城市非正规就业的发展与城市化效应[J].新经济,2017(11):26-31.

[17] 赵领娣,谢莉娟.经济学视角下的中国非正规就业[J].经济论坛,2007(16):41-43.

[18] 年猛."十四五"农村就业创业的战略思路与政策[J].中国劳动关系学院学报,2020,34(05):117-124.

[19] 蔡翼飞,张车伟.人口与劳动绿皮书:中国人口与劳动问题报告 No.22.北京:社会科学文献出版社,2021.

[20] 姜凤姝,刘爱玉.社会再生产视角下的非正规就业:基于制度安排、家庭策略与工作意义的分析框架[J].中华女子学院学报,2023,35(05):39-48.

[21] 罗宾·科恩,保罗·肯尼迪著,文军等译,全球社会学[M].北京:社会科学出版社,2001.

[22] 保罗·诺克斯,史蒂文·平奇.城市社会地理学导论[M].柴彦威,张景秋,等译.北京:商务印书馆,2005.

[23] 黄扬飞,徐月虎,丁金宏.1990年代我国人口城市化水平的区域差异模式研究[J].人口研究,2002(04):72-78+80.

[24] 宋秀坤,黄扬飞.非正规经济与上海市非正规就业初探[J].城市问题,2001(02):39-42.

[25] 杨军勇,柴定红.非正规经济发展与农民工就业状况变化分析——以上海市为例[J].南阳师范学院学报(社会科学版),2004(01):28-30.

第四章

上海市非正规就业群体的居住空间

城市的住房状况对于社会空间研究非常重要。我国城市住房商品化的程度越来越高,住房既然是商品,就存在着价格的问题。影响住房价格的不仅仅是建造房屋的质量,还有很多其他因素,如区位、交通、周边教育资源、医疗和娱乐设施、商业网点等。购买住房意味着拥有了和其相关的城市的其他资源,住房不仅仅是栖身之地,具有使用价值;还是商品和服务的综合体,由此决定了住房的价格,具有交换价值,而使用价值决定了交换价值,房地产交易所是人们进行住房交换的场所,交换价值的特点决定了城市中有些人操纵住房、有些人投资住房,使住房不仅成为财富的象征,也是财富存储、积累的有效途径。哪些人可以操纵、投资住房呢?这又回到我们探讨的城市社会空间的问题。

从消费的视角看,住房作为当今人们衣食住行的主要消费之一,甚至在近几十年房价不断上涨的情况下,从消费量上,通常住房占据人们消费的最大比例,因此,通过住房可以反映出社会经济差异。另外,"消费主义和实利主义价值观目前成为大城市的主导文化,结果是对于住房所有权的需求和随之而来的强调用住房作为自我和社会身份的表现。"[1]

住房这种商品的特殊性在于住房在某种程度上,也是一种制度、经济和文化力量的复杂混合体。居住产生的文化基于不同的社会制度和社会行为模式,而社会行为模式又与人们的收入、所处的阶层有关,在国外还与种族有关,在我国和户籍关联密切。城市内部居住的空间格局、住房质量及周边环境,随着社会生产方式的发展、人口特征的改变而不断演变,深刻反映着城市社会空间的分化状况,是我们认识城市社会空间非常重要的视角。

同时,居住是"居住者同城市生活的各个方面产生联系的出发点",[2]意味着对于居住的研究是进行社会空间研究的起点,其他要素都与之相关联。

至于就业与居住空间的关系可以通过居住空间分化的影响因子分析得以证实。社会居住空间分异的影响因子可分为两组,即外生分异(外部因子)和内生分异(内部因子),其中,外生分异的影响是决定性的。外生分异主要由社会主流阶层的态度、城市地产市场、就业市场的空间、社会结构的效应所致;内生分异是社会空间内群体的内部集聚性因子,这种集聚作用在我国大城市形成浙江村、海南村、湖南村等。从外生分异可见,就业对居住具有影响,更多的主要体现在工作场所、工作收入等对居住的影响。

对非正规就业群体的居住空间的研究,可以了解该群体的生存环境,了解其所处的社会和空间的双重边缘,了解城市对他们的空间占据上的不公平,从而警示主导城市规划的决策阶层,为构建和谐社会转变思想,进一步体现"以人为本"的理念,关注社会的弱势群体。通过居住空间状况的分析,可以了解他们的实际需要,也有利于实现城市土地利用从资金到利用效率的最优化。

居住空间分化既是社会空间分化的过程又是社会空间分化的结果。本章主要从以下四个方面进行外来非正规就业群体的居住空间研究:居住区位研究;居住环境研究;居住环境形成的影响因素分析;居住迁移研究。

第一节 居住区位

在我国社会经济转型的过程中,住房也相应地从计划体制下的分配制到市场经济下的住宅商品化、市场化,城市居住空间组织的内在动力和影响因素发生巨大的变化。宏观上,城市的居住格局发生深刻的变化,居住空间格局在大城市的重构体现较为明显。一些学者对我国如广州、南京、北京、上海的居住格局进行研究,反映出从收入、职业等视角的不同社会群体的居住分化、社区分异等,一定程度上影响了和谐社会的构建。居住区位通常是居住者经过理性选择的结果,反映了居住者的消费行为模式和空间选择偏好。通常对于居住区位的研究分为绝对位置和相对位置的研究。相对位置是指邻里单位之间的空间、社会、心理认知关系。有关相对位置的研究本文将在后面的章节中有所涉及,这里主要研究居住区位的绝对位置。

绝对位置研究是指构成城市居住空间的邻里单位在城市空间内的地理分布。在这里我们主要论述上海市外来非正规就业群体从居住范畴内的地理分布。

一、城郊接合部和开发区外来非正规就业人口分布居多

"五普"结果显示,外来非正规就业人口主要分布在本市的城郊接合部地区,浦东新区、闵行区、宝山区、嘉定区的外来非正规就业人口共有184.22万人,约占全市外来流动人口总量的47.6%。

"七普"数据显示,外来非正规就业人口主要分布在奉贤区、浦东新区,嘉定区、青浦区次之,这四区外来非正规就业人口共有102.42万人,约占全市外来非正规就业人口的70%,从外来流动人口乡镇街道的分布可以更清楚地看到:

(1)受地面交通的影响,上海的外来非正规就业人口主要分布在市区的西南部。全市外来人口超过2万人的57个街道和镇中,2/3以上位于西南部。

(2)受经济、就业等因素的影响,主要聚集在离市区较近、经济相对发达的区域。

(3)受市区人口扩散再分布的影响,本市外来非正规就业人口呈环形相对集中分布在内外环线间的区域内。

从五普到七普的数据可见,外来非正规就业人口分布较多地区一直包括浦东新区——一个新生的开发区,地理位置上不属于城市核心区域。造

成这种分布特征的原因在于相对其他区域,这个区的进入门槛低,一方面是由于开发区的就业机会多,另一方面是边缘区生活成本,即居住成本相对低。

从布局形态上看,城市中环境较差的地方往往是外来非正规就业群体集中居住的地区,如城市中的河岸两旁、棚户区等,另外,"见缝插针"现象较为普遍。外来非正规就业人口为什么形成这样的分布特点?以罗伯特·帕克为代表的城市社会学芝加哥学派认为:城市是一种社会有机体,个人行为和社会组织都受到"生存竞争"法则的控制,就像在植物和动物群体中一样,人类社会群体的秩序也一定来源于"自然"过程的运行,如优胜劣汰、隔离、无情的竞争和演替。进一步的解释就是,个人之间为了城市中理想的区位而进行的非个人竞争(impersonal competition)。这种竞争基本上通过市场机制进行,结果就是使土地租金产生一种特征化的模式。不同地点和条件的土地租金不一样,又因为不同的人支付地租的能力不同,从而造成不同类型的人群之间的隔离(segregation)。因此,经济分异被看作是导致居住隔离的基本原因,而特定群体在某些地区上的支配被归因于其相对竞争力。[3]

二、不同社会群体形成的居住混合结构体现郊区社会空间的多样性和碎片化

(一) 郊区总体的混合结构

郊区是城市边缘的新社会空间,且是一个社会、经济非常不均质的地区。[4]在调查区,高档次的"封闭社区"、当地居民动迁社区、外来人口集聚的城中村等空间上相邻,形成"马赛克"镶嵌结构,但彼此却以"隔离"的形式存在。2005年,上海市别墅集中分布在外环线以外的市郊,浦东新区和闵行区的别墅的施工面积分别为2 094.29万平方米和812.71万平方米,居于全市的第一位和第四位。

到2021年,浦东新区和闵行区的高档居住房屋面积依然分布较大,居于全市第二位和第四位,松江跃居第一位。这样的分布格局和外来非正规就业

群体的人口分布状况相一致,即出现高档住宅区和外来非正规就业群体较差居住区混合的局面。一方面由于市中心区土地资源稀缺,土地让位于商业、金融用地,使高档住宅郊区化成为必然,国外的发展经验也证实了这一点。同国外不同的是,国外大城市由于中产阶级居住的郊区化,中心城区成为少数、弱势种族的居住区,如市中心的贫民窟、隔坨区等,而在上海的市中心,由于其优越的地理位置、城市基础设施完善,高档社区依然占比较高。此外,虽然每年都有一定的老的社区的拆迁,拆迁面积也呈上升趋势,这些社区,除了上海本地的居民以老人、下岗工人等弱势群体居多外,也有部分外来非正规就业人口居住于此,主要从事社区服务业、商品批发零售业等。

表 4-1 上海市各区各类房屋分布情况(2021)　　　单位:万平方米

地 区	花园住宅	列联住宅	公 寓	新式里弄	旧式里弄	简 层
总 计	1 864	1 760	68 014.90	254	961	9
浦东新区	377	302	16 309.97	0	152	1
黄浦区	9	2	1 438.24	74	148	1
徐汇区	52	11	3 463.24	51	26	1
长宁区	58	1	2 347.58	17	5	0.05
静安区	20	4	2 987.66	62	73	0.12
普陀区	13	23	3 779.62	3	5	0.00
虹口区	7	0	2 067.30	44	60	2
杨浦区	4	25	3 352.22	3	74	1
闵行区	307	205	7 910.29	0	59	0
宝山区	30	140	6 414.43	0	61	0
嘉定区	94	183	4 471.39	0	11	0
金山区	18	46	1 975.12	0	80	0
松江区	395	416	4 641.69	0	70	0
青浦区	332	248	2 500.81	0	28	0
奉贤区	101	100	3 045.23	1	32	0
崇明区	46	52	1 310.11	0	78	2

数据来源:《上海统计年鉴(2022)》。

(二) 居住混合结构的典型区分析

2007年,笔者对当时闵行区龙茗路和顾戴路路口附近古美社区下辖的几个居住区进行调研,观察其居住的混合结构。

1. 高档别墅居住区

半岛豪门别墅区,位于顾戴路和虹莘路路口的西南方向。该居住区是联体别墅,以两层或四层居多,住宅外观明显比一般居住区讲究,居住密度、社区环境自不必说,同其他住宅的档次就不同,门口醒目地挂着一个牌子——"私家花园,闲人莫入",排斥已经从内在走向外在,从含蓄到直接,从有所遮拦到赤裸裸。而且这种牌子的数量似乎越来越多。社会群体就是在这样主动与被动的选择、筛选、屏蔽中被分化着,社会的极化也因此而加强。

2. 普通商品房居住区

新时代花园位于龙茗路和顾戴路路口的东北方向,是一个比较大的居住区,该居住区居民多以工薪阶层和"新上海人"为主,该社区入住率很高,以居民自住为主。居住区中有地下车库,地上也停满了私家车,这些车多以家庭经济型轿车为主。居住区中年轻人、上班族多,退休的人员相对少。该居住区的出租车等候现象一方面说明该居住区人口相对多,另一方面这也是收入中等及偏上的工薪阶层居住区的一个标志。

3. 老城区动迁人口居住区

与江南星城南向相邻的一个社区是平阳四街坊。这个社区是一个上海拆迁户被动搬迁到这里的老社区,居住的是上海的本地居民。上海的老龄化特点在这里得到充分的印证和体现。同新建社区相比,房子的外观略显陈旧,居民的生活档次不高,这里的私家轿车的数量明显少于其他周边的几个居住区。

4. 外来人口居住小区

(1) 封闭小区:该社区与江南星城隔河相望。虽为外来人员聚居区,但这里是一个有关部门参与管理、组织、有围墙的社区。该小区由几排低矮的简易房构成,这里是居住地,也是旧家具存放地、出售地,属于多功能小区。这个空间的利用率非常高。小区里聚居着从事同样职业、同样工作的人。小区没有一点绿化,更没有任何健身设施。

(2) 开放小区:在距离"陇西外来人口居住小区"大约1千米处,是一块外来人口居住的地方,外部空间公共开放,利用充分。

5. 拆迁结束准备新建的居住区

和新时代花园隔河相邻的是正准备建造的万源城居住区,之前这里还是外来人员集聚的区域,有小卖部、修车、小饭店、街头露天排档,傍晚的时候还有卖旧衣服、旧书刊等地摊,虽有些脏乱但是比较热闹,有人在的地方总是充满生机,而后来这里都夷为平地,安静了,没有了人气。

由此可见,上述几个居住区覆盖的范围不大,但容纳了各种层次的社会经济状况的居民,形成了混合结构。这既反映了社会和空间的整合,也反映了社会空间分化在居住上的体现,混合结构不仅是一种空间特征,也有不同社会群体混杂的特征。富有阶层在空间占有上不论是数量还是质量上都占上风,而弱势阶层则相反。富有阶层不仅是空间的享受者,还是通过空间占有财富的积累者,空间的不断占据,背后是财富的不断积累,差距的不断拉大。

十几年后,笔者原来观察调研的闵行区混合居住典型案例区已全部成为城市化地区,不再有外来人口的居住小区,拆迁区已成为万源城居住区。城市进一步向外扩张,闵行区的居住混合结构出现在距中心城区更远的地区。此外,伴随嘉定新城、青浦新城、松江新城、奉贤新城、南汇新城这五大新城的建设,对劳动力的需求增加,外来非正规就业人口集聚,不同类型小区混合的结构出现在这些地区。特别是嘉定、松江、青浦和奉贤四个区,外来人口都多于本地人口,较小空间尺度上的混合现象成为必然。

(三) 混合结构使郊区成为犯罪高发地区,影响社会的安定团结

这种混合结构,对于外来非正规就业人员来说,有利的一面是他们为社区服务的就业机会多一些,但不利的一面是,随着城市的发展,人口的增加,

特别是大量外来人口的进入,使城市人口分异增强,周边环境的强烈对比对外来非正规就业人员中的一些人产生较强的刺激,产生所谓的"精神超载"状况,导致焦虑和紧张压力感,使他们更加感觉到在城市里处于一种孤立无助的状态,引起他们对富有阶层的仇视心理,行为上的表现就会毫无节制地持续以自我为中心,产生过激行为,甚至违法犯罪,即一些偷盗等违法犯罪行为时有发生。新时代花园目前失窃案件越来越多,小区中装铁栏的人家比以前多,很多楼道都重新换了更为高级的防盗锁,这都反映了居民的不安全感。丁金宏等基于上海《新民晚报》1999—2000年对发生在上海市的流动人口犯罪的案例报道,分析了上海流动人口犯罪的基本特征和时空分布规律,指出经济目的仍然是流动人口犯罪的第一位动机和城郊接合部的流动人口犯罪形势严峻,也指出闵行区流动人口的发案率相当于全市平均水平的两倍强。[5]可见实证和理论分析都说明了外来人员在城郊接合部的犯罪行为严重。对于居住在这些较新的商品房和高档别墅区的居民,他们对这种混合结构更多的是反感,因为住房是商品,具有交换价值,他们担心外来人员居住区或动迁户的居住形态和社会特点影响他们生活质量和住房未来的交换价值;住房也是身份地位的象征,个体总是希望和自身地位相一致或更高地位人群的靠近,而从心理上对低于自身地位的人群则表现为主观上的排斥。

居住区的差异,不仅体现在建筑的外观和居住区环境上(设计带来的歧视、差异)、居住人群的社会经济差异上,甚至连居住区的名称也是一种社会符号:"半岛豪门""江南星城""新时代花园""平阳四街坊""陇西外来人员居住小区",没有名称的外来人口居住区,赫然醒目地显示出社会群体占有空间模式差异的谱系。

"什么是城市的建筑特色?那就是把人和人之间的差异用墙壁隔离开来。"[6]富有阶层的空间是尽量私有的,用围墙等保护起来,而没有围墙的外来人员居住地把破旧、脏乱、贫困毫无遮拦地"暴露",当然宏观上这些地区是隐藏在现代城市的高楼大厦的背后,其目的是不要让这些地方影响了市容市貌。

三、外来非正规就业群体居住存在"小聚居"的特点

居住内生分异形成以户籍来源地为特征的"小聚居"格局。内生分异,例如浙江村等,是按地缘等集中分布的地域。按户籍分布形成的集中明显,居住选择是主动选择和被动选择的结果。

(一) 小聚居状况在调查街道体现较明显

根据我们对调查数据的统计分析,发现在不同的街道,也存在由于户籍差异形成的小聚居格局。

表4-2 闵行区街道外来人口聚集情况

街道名称	外来人员聚居情况
华漕镇	安徽50.1%、江苏15.7%、河南13.7%
虹桥镇	安徽31.2%、江苏27.2%
梅陇镇	安徽32.2%、江苏17.6、四川13%、湖北10.3%
七宝镇	安徽27.6%、江苏24.7%、福建12.1%
莘庄镇	安徽30.2%、江苏19.6%、山东省12.6%
颛桥镇	安徽31.3%、江西17.7%、江苏17%。
浦江镇	安徽43.1%、江苏23.9%
江川路街道	江苏30.8%、安徽15%、河南14.2%、四川10.3%

(二) "小聚居"形成机制

1. 自组织系统视角的分析

居住形成一种自组织系统,也称自体生发系统和复杂性适应系统,这种理论认为,从宇宙到地球,到社会上的市场区域体等都是自组织系统,在这些系统中,构成系统的单元不一定有意识,但却能从混沌中自发成长、演变为一个有自我意识的有严密规则的可持续发展系统。外来人员进入到城市,通常情况下,是通过亲戚、同乡介绍过来的,因此,进入城市的居住状况有意、无意

地会受到他们的影响,长时间以后,就形成了一个自发成长、有独特特点的居住区。居住区自然出现一些不需表述的潜在规则。

2. 对外的"防御性"

作为城市中的弱势群体、外来户,时常感受多方面的歧视,在陌生环境下,为了寻求心理上的安全,产生一种防御心理是再自然不过的事情。

3. 对内的凝聚力

对外的防御和对内的凝聚是一致的,只是视角不同的两个不同的说法而已。为了更好地防御,内部必须增强凝聚力,并且这种凝聚是有基础的,共同的成长环境、共同的社会地位,还有血缘等。

4. 共同的"文化性"

聚居的形成机制还在于特定群体中的成员希望通过聚居来维护该群体的身份认同或生活方式。聚集区的居民在情感上或心理上具有共同的地域观念、乡土观念和认同感。这是同一地区的人们在长期的共同生活中,在同一行为规范、文化传统和生活方式氛围里形成的共同意识,不仅对富有阶层存在这种心理,对外来的弱势群体也同样。在大城市中,他们认为这些地区是城市中的故乡。在这里,他们感受到熟悉的环境、亲切的家乡话,心里产生归属感。

总之,由各种排他性封闭和户籍制度作用造成的集聚,会滋生出对外来群体的歧视和富有阶层的敌意,也就必然会滋长出一种以自卫为目的、精神支持和保护地方文化传统的自发性集聚。

(三) 小聚居的结果是社会极化趋势加强

隔离与集聚的对应关系是外在的隔离与内在的集聚。隔离有主动和被动之分。被动隔离往往是政府行为。主动隔离则是集聚的结果,是群体内部的凝聚力的表现,也会增强凝聚力。

隔离体现在社会经济范围内处于最顶端或最末端的位置。前面说到的半岛豪门别墅区和陇西外来人口居住小区分属于两个不同端点的隔离。

居住隔离造成的结果是社会的分化越来越明显,不同社会阶层之间的融阂越来越大,社会的不稳定因素越来越多,与整个社会和谐发展的趋势背道而驰。

四、中心城区老旧小区一度是外来非正规就业人口的集聚地

虹口区位于上海中心城区东北部,曾一度是外来非正规就业人口分布较为集中的地区。笔者近年来对该区北外滩街道的某些地段进行了动态跟踪调查,调查主要集中在 2017 年和 2023 年。时隔 6 年,调查地段街景发生了巨大的变化,令人唏嘘和感慨。原来破乱、拥挤不堪的老旧故里,现在都人去楼空;原来熙熙攘攘、热热闹闹的小商品商场,已封门谢客。城市中,似乎一切都在不知不觉地发生着变化,实则是开发商、政府管理者、规划人员等共同作用的结果。

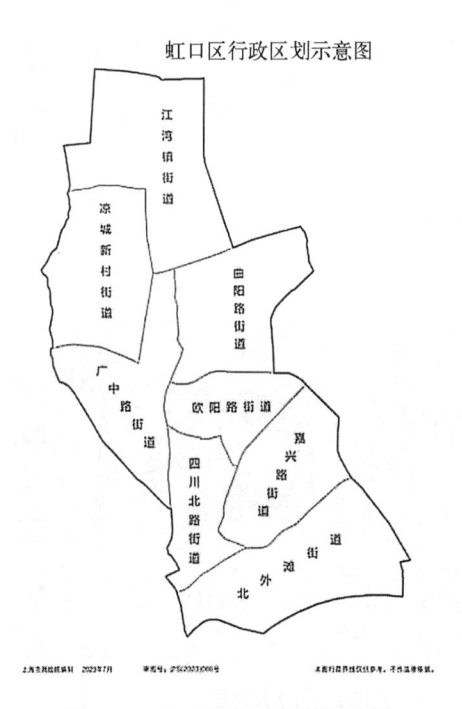

图 4-1 虹口区行政规划示意图

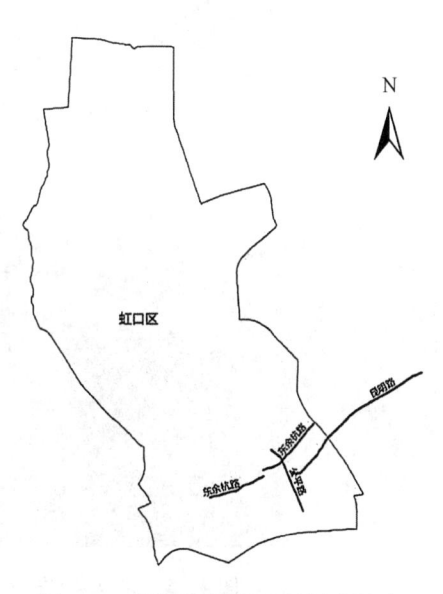

图 4-2 提篮桥街道示意图(公平路、东余杭路、昆明路)

图 4-3　2017 年(左)和 2023 年(右)的公平路

图 4-4　2017 年(左)和 2023 年(右)的东余杭路

图 4-5　2017 年(左)和 2023 年(右)的昆明路长春里

图 4-6　2017 年(左)和 2023 年(右)的小商品商场

笔者了解到,小商品市场拆迁后,一部分商户搬到了霍山公园旁边的提篮桥服装市场(如图 4-7),一部分销声匿迹。

图 4-7　提篮桥服装市场

第二节　居住环境

居住环境与社会阶层相关联的住宅建筑,其更直接的功能是社会群体的象征距离。例如,经济适用房、拆迁房在外观上的朴素,使其与其他邻里、社会团体的居民保持了距离。

韦伯学派的一个主要贡献是对住房阶级的分析,这有助于人们分析住房与城市资源分配时对社会平等的重要意义,也有助于人们从另一个角度来观察社会分层的状况。有关住房阶级的研究,其经典代表是雷斯与摩尔,他们将人类生态学和韦伯的阶级理论结合,分析在城市中各个社会群体争取有限资源的情况,发现对良好居住环境的向往是人们共同的追求,但由于资源有限,就引起了竞争。结果是,各个社会群体因其不同的背景而争取到不同的资源。将住房阶级按居住情况划分为六种,[7]又有学者将该领域的研究推进了一步,提出住房阶级的划分更能准确地划分出社会的分层状况,甚至影响个人的政治行为。[8-9]住房阶级分析和研究的另一重要意义在于"消费社会学"研究的兴起。传统马克思主义阶级分析注重劳动力市场和生产关系,而忽视了消费模式对社会空间分化的影响,而住房阶级的分析,是对马克思主义阶级分析的发展和完善。[10]

关于住房阶级的分析和研究,往往从住宅类型、质量、密度、居住环境等几个方面展开。本研究从两个方面进行:一个是居住的硬环境;另一个是居住的软环境,即居住形成的居住社区、邻里的意义。因此,下面结合调查数据,从上述两方面分析外来非正规就业群体的社会空间状况。

一、居住密度大以租住为主

（一）住房简陋,以租住为主

外来非正规就业群体的住房大多数属于租房,一小部分人居住在宿舍/工棚,寄宿亲友家中和自购房的比例非常低。租房比例最大,说明这一群体的不稳定以及收入偏低的状态,理由是:第一,租房的地理分布上,分布在闵行区这样的一个近郊区,房租从中心城区到郊区存在着距市中心越远房租越低的特点,租房的空间位置的边缘化,说明他们收入低;第二,租房本身相对于自购房的居住,是外来非正规就业居住不稳定的表现;第三,随着住宅商品化,住房的消费能力可以反映出某一社会群体的社会经济状况,高租房率,也是他们收入低的反应,进一步推理,在我国,收入与就业密不可分,这反映出他们的就业状况不理想。"租"让人联想到：在一个大城市,他们没有自己的空间,借一块地方栖身,找一份本地人不愿做的工作——"非正规"的工作,处于一种极不稳定的状态。

寄宿亲友家中比例很低,一方面,反映外来的非正规就业群体,从社会关系网络层面上,他们在上海的社会关系少,亲戚少;另一方面,也能从一定程度上反映出上海人对外来人口的排斥与歧视,上海人不愿让外地的亲戚在自己家居住,这种现象也普遍存在。

此外,少数人把住房兼做生产经营用房,虽然比例不高,但是也说明这种情况的存在。外来非正规就业群体,结合自己的职业情况,尽可能将生产、生活等各方面的成本降到最低。另一方面,结合城市的产业发展特点,发达城市中产业发展经历了前资本主义、前工业化城市,工业城市的增长,现代的福特主义和工业化城市以及后福特主义城市,伴随全球化、知识经济以及信息化的后工业化城市几个发展阶段。外来非正规就业人员进入到城市工作,从住房视角反映出他们的工作具有前工业化城市的家庭特点,底楼为工作的地方,上面阁楼为居住的地方,"家庭集团式的工作组织严格限制了从居所到工作地之间的距离"。[11]这和现代大城市的经济背景极不协调。

（二）居住的高密度

居住密度是居住质量的反应,这是不言而喻的。本研究用本户人均住房建筑面积指标来衡量,被调查人的平均住房面积是 9.63 平方米。而 2005 年上海市区的人均居住面积达 15.5 平方米,闵行区人均居住面积达到 21.2 平方米。居住拥挤,个人在住户内几乎没有私密空间,几乎不存在功能分区;而在高档居住区中,住户内的功能划分很清楚,有单独的卫生间(通常区分为主卫和客卫)、厨房、客厅、餐厅、卧室、书房等。到 2021 年,上海市人均住房面积达 29.27 平方米,闵行区人均住房面积达到了 31.73 平方米。但是据笔者走访调查,外来非正规就业群体的居住面积仍然很小,例如,在许浦村这样一个曾经是上海市外来人口数最多的村里,原来因其城中村的脏乱差,而在上海闻名。经过城中村改造后,居住环境得到极大改善,总体居住密度明显降低,但是一栋房子里租住着3~4户人家,甚至多到7~8户人家的现象也较为常见(如图4-8)。改造后,租金上涨,租金较贵而收入较低,他们为了距离工作地较近,不得不忍受狭窄的居住环境。

图4-8 许浦村外来人口租房情况

二、城中村演变

(一) 何为城中村

城中村是中国大陆地区城市化进程中出现的一种特有的现象。城中村狭义上指农村村落在城市化进程中,由于全部或大部分耕地被征用,农民转为居民后仍在原村落居住而演变成的居民区;广义上指在城市高速发展的进程中,滞后于时代发展步伐、游离于现代城市管理之外、生活水平低下的居民区。城中村的内部通常没有统一的规划和管理,从地域角度上讲,它属于城市的范畴;从社会性质的角度上说,它仍保留了传统农村的因素。对城中村的理解:一种是自然村落在城市化过程中得以保留(一村);另一种是外来户籍为农业人口为主居住在中心城区的老旧小区(两旧)。

1. 城中村形成的原因

从"城中村"的历史变迁中不难发现"城中村"形成的主要原因:

(1) 从客观上来说,是中国城市化进程的快速发展的结果。改革开放的20多年中,城市化的进程加速发展,中国的城市数目从1978年的320个发展到的662个。城市建成区面积也由3.6万平方千米扩大到9万多平方千米。城市的快速发展,需要通过征收周边农村的耕地获得扩展的空间。耕地被征收了,当地的农民却仍然留在原居住地,并且保有一部分供他们建房居住的宅基地。一场"城市包围农村"的运动发生了。村庄进入城市,形成了"城中村"。

(2) 从主观上来说,是中国城乡二元管理体制及土地的二元所有制结构所造成的,这也是深层次的制度原因。所谓城乡二元管理体制,是指"城市"和"农村"分属不同的管理模式,二元所有制结构是指城市的土地属于国家所有,而农村的土地属于农村集体所有的制度。而在一些"城中村"内形成了以城市与农村"二元所有制结构"并行存在、共同发挥作用的"边缘社区"特征。"从个体理性选择的角度看,'城中村'这种特殊的建筑群体和村落体制的形成,是农民在土地和房屋租金快速增值的情况下,追求土地和房屋租金收益最大化的结果。"[12]

因此,从"城中村"的历史变迁可以发现,土地的二元所有制结构是造成"城中村"形成的根本原因。二元所有制结构使得村民可以低价甚至无偿地取得土地的使用权,由各户村民自行建设后租出获得尽可能多的租金,土地和房屋租金收益最大化的结果致使"城中村"形成的进一步加剧。故而,中国"城中村"的改造也应从根本的土地制度及权利开始。

2. 城中村居民

城中村居民主要由在籍居民(原村民)和以农民工为主的外来租客构成,两个群体均属于有待市民化的农业转移人口。他们不再是传统意义上的农民,但又不属于典型的市民,呈现出"边缘人"特征。总之,城中村的经济社会结构具有独特的双重边沿性。

3. 城中村环境

"城中村"是城市的一块"夹缝地",普遍存在公共卫生安全风险大、房屋安全和消防安全隐患多、配套设施落后、环境脏乱差等突出问题,亟须实施改造。

(二) 上海市城中村改造相关政策过程

2014年,上海市发布《关于本市开展"城中村"地块改造的实施意见》,开始启动第一批"城中村"改造,文件中上海市"城中村"地块改造对象主要是:区域位置分布在外环周边、老城镇地区,处在城市化包围之中;土地性质以集体建设用地为主,现状为村民宅基地和其他建设用地犬牙交错,相互交织;人口结构为原农村居民大部分或全部转为城镇户籍,本地人与外来人口数量比例严重倒挂;环境"脏乱差",违章搭建现象突出,存在大量社会管理和安全隐患,与周边形态和环境形成反差;相关基础设施和公共服务设施超负荷运行使用。

由于项目多采用"一二级联动"的方式进行前期开发,直至2016年才首次出现带有"城中村"标识的土地入市。

2016—2017两年间,入市地块共涉及5个村、7幅地块,其中6幅要求作为安置房、其他(动迁安置房)用途,仅1幅为可供开发的住宅用地。

2018年,"城中村"项目爆发,单年土地出让用地18宗,出让金总计352.4亿元,为2017年的532%,新增建面积突破200万平方米。与此同时,经历3年左右的准备期,已有"城中村"项目完成安置房地块的开发建设工作,开始着手纯住宅和纯商办地块,例如光明地产主导的金山新城项目、育新置业(村企合作股份制)主导的肖塘"城中村"改造项目等。

2019年和2020年,延续火热发展态势,"城中村"的用地成交金额和新增建面积保持高位,但相较最高点出现小幅下滑。在新冠疫情和房地产行业整体下行的大背景下,2021年上海"城中村"项目总量相较峰值腰斩,成交总金额跌至162.2亿元、新增建筑面积116.7万平方米,为近5年来的谷值。

2021年2月,上海市人民政府印发《关于本市"十四五"加快推进新城规划建设工作的实施意见》的通知,推进新城"城中村"改造和老旧社区微更新,注重服务配套和基础设施完善,加快旧住房更新改造和多层住房加装电梯,推进各类附属绿地开放以及口袋公园、林荫道建设提升。

2022年,政府不断强调城市更新在带动区域固定投资端口的重要性,先后发布《上海市加快经济恢复和重振行动方案》《上海市助行业强主体稳增长的若干政策措施》等政策文件,提及"年内新启动8个以上城中村改造项目""中心城区旧区改造联动政策推广至五个新城,优化完善城中村改造政策""城中村改造项目认定中的集体建设用地占比要求从70%以上降至51%以上"等具体表述,"城中村"再度成为热门话题。

2023年3月,上海市政府印发《上海市城市更新行动方案(2023—2025年)》,方案指出,要加快推进"两旧一村"改造工作,到2025年,全面完成中心城区零星二级旧里以下房屋改造,基本完成小梁薄板房屋改造。实施3 000万平方米各类旧住房更高水平改造更新,完成既有多层住宅加装电梯9 000台。中心城区周边"城中村"改造项目全面启动。

(三) 城中村典型案例——华漕镇许浦村

1. 许浦村简介

许浦原名许浦浪,迄今已有400多年的历史,因村庄内一条许浦江而得名。位于上海市闵行区华漕镇的东北面,东临长宁区,北依苏州河,紧靠外环线和虹桥机场,地理位置优越。1951年,成立华丰高级社属华漕乡。1958年,划入解放人民公社六大队四中队。1959年,解放公社划出,属华漕人民公社许浦大队。1984年,华漕公社改华漕乡,许浦大队正式改许浦村委会。许浦村总面积0.75平方千米,现有许浦、陈家弄、墙华、钱家湾、东沈巷5个村民小组,辖区内有北翟路、北松路、许金路、许旺路、夏华路等总户数527户,常住人口2 212人。

许浦村从2015年下半年开始进行大规模拆违和环境综合整治,该村也是"城中村"人口调控试点区域之一。

2. 许浦的过去

上海市闵行区的许浦村,曾经是一个问题村,这个村是上海外来常住人

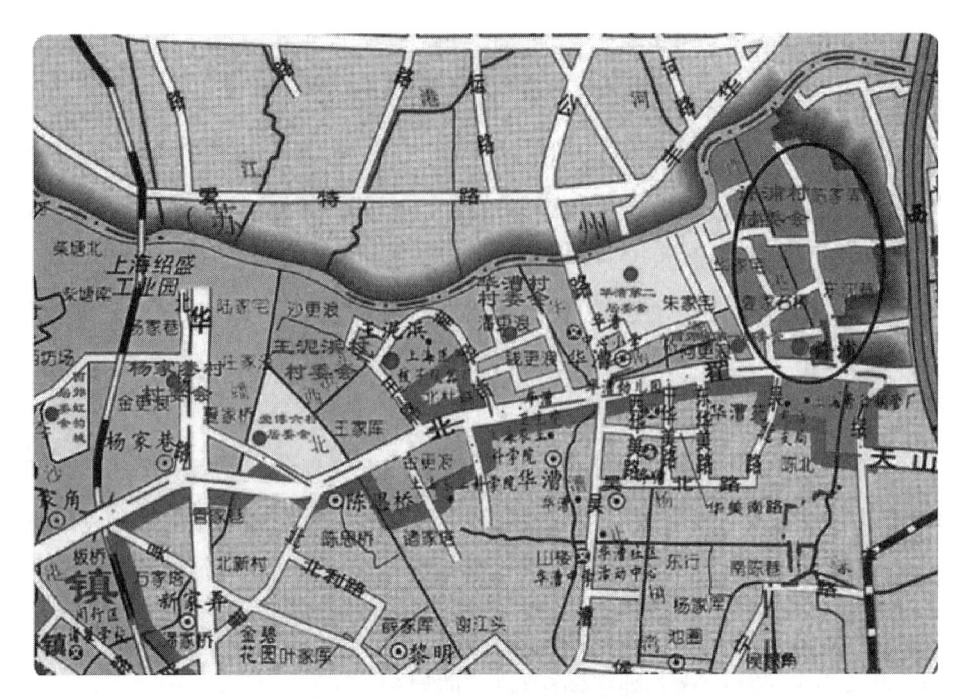

图 4-9　闵行区华漕镇许浦村地图

口最多的村,也是一个环境脏乱差的村。作为上海市闵行区的一个行政村,许浦村的位置其实比大部分行政村都要好,这个村紧贴上海的外环线,还有东西向的北翟路,交通也是非常方便的。

许浦村的南侧就是虹桥商务区,也是上海大力发展地区。许浦村在之前较少被关注,只有在提及上海外来人口比例的时候,才会发现这里的外来人口比例非常"突出"。许浦村多年以来没有进行过正式的开发,没有像比邻的虹桥商务区那样正规发展,因此聚集了大量的外来常住人口,并且有大量的违建。在整治和拆迁之前,许浦村是一个人口的倒挂村,外来常住人口曾经超过 5 万人,是上海外来人口比例最高的地区。

从 2014 年的卫星图中可见,虽然当时虹桥商务区已经发展到了一定程度,但是位于虹桥商务区北侧的许浦村是典型的"城中村",而且这片"城中村"当中还有很大的面积是违建,这也是该地区成为上海外来常住人口聚集地的原因。

图 4-10　2014 年闵行区许浦村的卫星图

图 4-11　整治之前的许浦村

3. 许浦的现在

许浦村位于虹桥商务区的北部,本身的定位是虹桥商务区配套的绿化生态地区。在这些年当中,许浦村拆除了大量"城中村"的违建,并且进行了绿化区建设。因此在几年中,这个原本上海外来常住人口聚集的地区,常住人口正在下降,环境也正在变好。在上海近些年的整治中,许浦村成为整治的重点,全村进行了大规模的拆迁,该地区近些年基本上是拆掉一块,建设一块绿地。许浦村从2015年下半年开始进行大规模拆违和环境综合整治,该村也是"城中村"人口调控试点区域之一。

从2015年10月22日许浦村打响拆违和环境综合整治第一枪到完成全部拆除任务,仅仅用了51天。在这一过程中共计拆除违法建筑57.7万平方米,实现腾地322.7亩;整治许浦港及支流河道共5条,清除无证无照非法经营户565家,清除生产加工型及违法排污企业142家。

2016年,笔者曾经实地调研过该"城中村",当时处于改造过程中,改造好的和未经改造的地区并存,脏乱差现象在村中有些地方依然可见。

经过几年的整治后,拆出了奇效——拆出了经济发展的新空间;拆出了生态宜居的新环境;拆出了公共安全新格局;拆出了公平公正的新秩序;拆出了和谐稳定的新局面;拆出了干群关系的新面貌。许浦村通过拆违和环境综合整治,已经脱胎换骨,获得重生。

为了更深入地了解上海市外来非正规就业群体的相关情况,笔者在许浦村进行了走访调查,得出如下结论:

(1) 许浦的外来人口数量大大减少。许浦村外来人口办工作人员表示,许浦村经过整治动迁,外来人口数量大大减少,目前外来人口为8 000人左右。许浦村村委会一位工作人员则表示,许浦村作为上海城郊接合部最大的"城中村",吸引了大量的外来人口来此地聚居,最鼎盛的时期外来人口高达5万人—6万人。动迁之后无论是外来人口还是户籍人口都减少了很多。

导致外来人口减少的原因主要是:

图 4-12　2023 年许浦村的卫星图

图 4-13　整治之后的许浦村

1) 就业机会的减少。以前许浦村企业很多,由于许浦村的生态修复和改造,动迁掉许多不合规、污染性强的企业。这些企业的消失自然使那些在这些工厂谋生的外来人口去往别的地方寻找新的谋生机会。

2) 生活成本的增加。由于拆迁导致的房子数量变少,以及村里环境质量变好,不可避免地使得许浦村的房租变贵,目前来说,外来人口租一套15~20平方米的房子包含卫生间需要花费2 300~2 800元左右。一位刚刚来许浦做保安工作不久的大叔说,他来自安徽淮南,来上海好几年了,但是对于他来说仍然租不起许浦的房子,他住在10千米之外的纪王村。

3) 子女教育。外来人口取得上海户籍是一件难度很大的事情,他们的孩子只能在上海读完小学,初中以后就得返回户籍地就读。为了孩子的教育的连续性,这些人大多只能选择带孩子回老家上学。

(2) 许浦村外来人口的就业。虽然许浦村的外来人口大幅度减少,但是这里仍然是外来人员愿意居住的地方。工作人员表示,许浦村由于距离上海市区较近,特别是距离长宁区较近,为了工作的便利,工作在上海市区的外来人口会把这里作为居住的地点。

表4-3 许浦村外来人口就业情况

基本指标	相关情况
外来人员年龄	以40~50岁的中年人为多
文化程度	大学生不多,房客文化程度较低
就业情况	在长宁区、静安区工作的外来人口大多数以服务业为主,以前村里人光在长宁环卫所工作的就有100多人。大部分人工作都是在长宁,例如环卫、快递、外卖、工厂、餐饮等。附近有机场、高铁、公交枢纽站等分布,为外来人员提供了大量以服务业为主的就业机会
通勤方式	骑电动车上班是他们大多数人的通勤方式

此外,许浦村在改造之后多了一群年轻人在此地租住。许浦村出口处有一座许浦青年社区(如图4-14),现代化的装修和设施吸引了外来年轻人的居住。这里与许浦村的关系是他们租地盖楼,许浦村只收取土地的租金,社区房租3 000元左右。

相比之前,许浦村不仅是环境质量变得更好,超市等便民设施的数量减少也吸引了我们的注意。工作人员表示,改造之后,村里居民的减少导致大家的需求也变少,因此超市这些设施的减少也在情理之中。

图 4-14　许浦村青年社区

最后工作人员感叹道,过去的许浦晚上就像个不夜城,街上通宵都有好多人,路上热热闹闹的;现在由于改造没有了夜市和路边摊,所以晚上也很少人出来逛。不过由于环境质量大大改善,笔者走到路上觉得许浦已经不太像一个乡村了,城市化程度大大增强,使得大家的居住体验变得更好,这也可以说是许浦实现了华丽的转身。

(四) 居住环境演变与社会空间分化关系

居住环境经历了从"脏乱差"到逐渐有序、质量提升的过程,使社会空间分化差异性减小,避免了社会极化,有利于社会安定安全发展。

三、特殊的居住管理模式——居住证

(一) 临时居住证即暂住证是外来人员的一种特殊社会身份的标签

暂住证制度是长期以来形成的对外来人口的戒备、不信任甚至是排斥与歧视,不仅使外来人口多交各种费用,而且人为制造了身份等级,制造了各种社会不公、紧张和矛盾,造成城市社会的分裂,阻碍了外来人口与城市社会的融合。自2018年1月1日起,上海市临时居住证就已经取消。

（二）长期居住证保障外来人口能正常享有上海市的基本福利政策

上海市居住证的办理条件对于外省市来沪人口的要求较低,并且持证人可以享受市民待遇,包括子女教育、子女在沪医保、证照办理、免住房税等。居住证满7年可以转为上海户籍,但是申请居转户的人员多,名额有限,需要等待的时间较长。

第三节　城市居住环境形成的影响因素

Pahl认为,城市居住空间格局、居住环境的塑造者、影响者包括:(1)土地所有者与城市形态的形成;(2)建筑商、发展商与利益追求;(3)设计带来的歧视:建筑师与规划师;(4)银行房贷:基于商业利益的社会与空间偏向;(5)房地产代理商:操纵和强化邻里单元模式;(6)公共住房管理者:分类与评分。[13]结合我国大城市的实际情况,主要论及以下几个影响因素：

一、政府的作用

住房政策导向导致的差异:城市廉租房、经济适用房是为城市中那些满足具有上海市户籍、收入水平低等条件的居民提供的,覆盖面过于狭窄。外来非正规就业人员根本不在考虑之列。

二、建筑商

商品房越建越大,为哪些人提供服务?原来上海的三房的面积很多是70到80多平方米,而现在的三房动辄就是120、130甚至150平方米。同时,开发商在建造房屋时,首先明确的就是该住房的定位,是为哪一个消费层次、社会层次的人提供住房?在上海,房价动辄每平方米十几万元,定位的过程操纵,强化了邻里的单元模式。

房地产开发商不仅在营造一种住房建筑,而且在营造一种城市居民的生活方式,营造一种中产阶层理想的生活方式。这里有宽敞的空间、新鲜的空气和宁静的环境,建有包括温泉、健身房、互联网等现代设施,而这种理想的生活方式是城市贫困者所无法企及的。城市贫民无力提供资金来获得这种理想的现代空间,必然就会被这种生活所区隔和孤立,所以市场的偏好加剧了社会空间的极化和隔离。

实际上,最近几年的房地产开发,存在着一种"把穷人赶出市中心"的趋势。经济适用房和拆迁房的修建,虽然具有一定的积极意义,但实际上也加剧了这个过程。在上海的房地产开发中,甚至有学者指出一种趋向,即内环以里居民讲英语,内环和外环之间讲普通话,外环以外讲上海话。而市中心不断攀升的房价,比上述学者指出的趋向更有力地将普通市民推向郊区。

三、住房贷款

银行为谁提供贷款?贷款时最重要的一个条件就是一定要有收入证明、户籍证明。非正规就业人员多属无固定收入的人,在这种条件下,实现贷款的可能性有多大?再加上一个户籍的因素,结果就可想而知了。

四、富有阶层心理

笔者认为,除了上述提到的影响因素,城市中的富有阶层,他们对于城市形态的发展具有影响力。是谁促使居住的分化?国外例如英美两国的多年研究表明,居民总是具有地方性空间地位感。

外来非正规就业人员对居住环境的形成处于被动局面,建成环境的社会意义在于通过空间实践地方建构,建构的结果是外来人员居住的边缘化。

居住格局造成社会经济地位高的群体获得商品房的可能性大,导致社区经济上的极化,[14]住房不仅反映并强化人们在劳动力市场中所处的不同地位,住房价格的差异更导致社会群体的分化。

第四节　外来非正规就业群体的
居住迁移与变更

戴维斯等很多地理学家都把居住迁移状况作为社会空间分异的一个维度。不同社会群体在迁移方式、迁移目的、迁移频率等很多方面表现出不同特点，迁移的影响因子也不尽相同，不同因子对不同群体的影响的权重不同。

居住迁移和社会流动存在着区别与联系。区别在于：迁移所反映的是人口在空间位置上的变动以及这种波动对社会的作用或影响，而社会流动着重反映社会成员在社会位置上的变动以及这种波动对社会和个人的双重影响。两者之间又存在着交叉重叠和互为因果关系，如从社会流动的角度考虑，迁移可分为上升迁移、平行迁移和下降迁移。相反，我们也能理解空间的迁移，由于各种机会、条件的变化，导致个体社会位置的变化。因此，居住迁移与城市社会空间分化存在必然的联系。

居住迁移的空间特征，影响因子主要涉及迁移的距离和方向。迁移有长距离和短距离迁移之分。长距离迁移一般受失业、收入、职业升迁等经济因素的激发，而短距离迁移则受邻里变化、投资、婚姻、居住空间要求等更社会化的力量的激发。迁移方向，即迁移者的方向偏向性的差异分析，可以从迁入迁出地的社会经济状况角度进行分析。本书宏观上研究外来非正规就业群体由外地到上海的迁移，即长距离迁移；微观上研究该群体在上海的区内和区间迁移，即短距离迁移，居住地的变更。

居住迁移的时间特征，主要研究迁移频率、周期等，进而说明居住的稳定性。居住迁移的时空特征是诸多因子共同作用的结果。本书在分析时空特征的同时，也分析迁移的动因。

以上海市外来非正规就业群体的居住迁移为例：从外地到上海的迁移体现距离衰减规律。

城市的诱惑是世界性的。大多发展中国家的快速城市化,更吸引大量的农民从农村迁移到城市特别是大城市。

本研究通过三方面的数据分析说明空间迁移的特征:一是以上海市第五次人口普查的流动人口普查数据为基础进行分析;二是以2005年问卷调查获取的数据进行分析。三是以2020年第七次人口普查数据中户籍登记地在外省市乡村的人口数作为本研究中的非正规就业群体人口数进行分析:

一、基于人口普查流动人口迁移情况分析

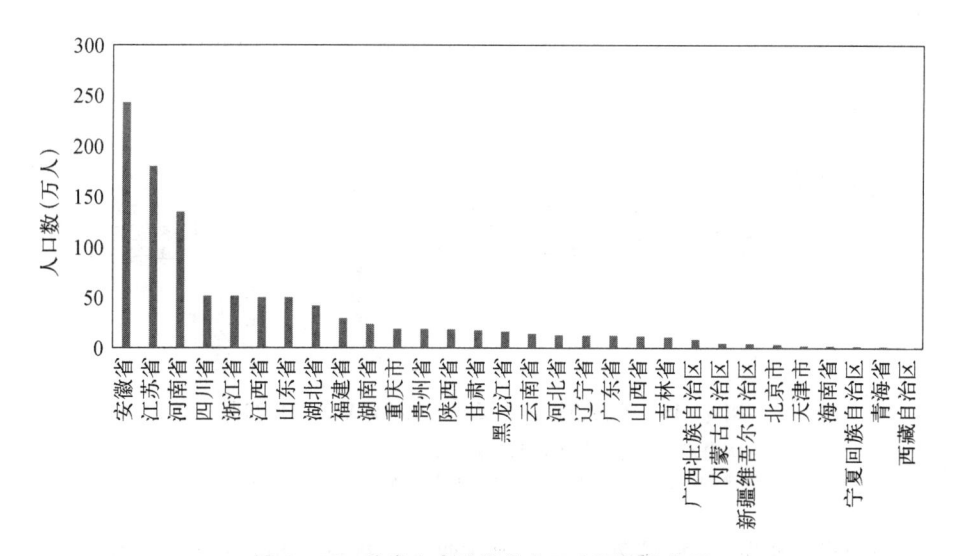

图4-15 外省市来沪常住人口来源地分布图

上海市是一座近代移民城市,改革开放以来更成为我国流动人口辐合的一大热点地区。"五普"调查显示,上海市流动人口总量达到387.1万人,相当于上海户籍人口(1 313.9万人)的30%。到2020年,"七普"数据显示外省市来沪常住人口达到1 047.97万人,在全市常住人口中占比42.1%。外来流动人口的来源地分布十分广泛,遍及我国内地的30个省、市、自治区,但同时又相对集中在华东地区。2000年上海市外来流动人口有77.1%来自华东六省,数量接近300万人,占流动人口总量的77.1%,反映了人口流动的距离摩

擦性。2020年,上海市外来人口有57.62%来自华东六省,数量约600万人,其中邻近上海的安徽、江苏两省最多,分别达242.6万人和179.8万人,接下来中部的农业大省人口流入到上海市较多,包括河南134.3万人,四川51.7万人,浙江、江西、山东较次于河南和四川,在沪人口分别达到了51.6万人、50.2万人、50.1万人。

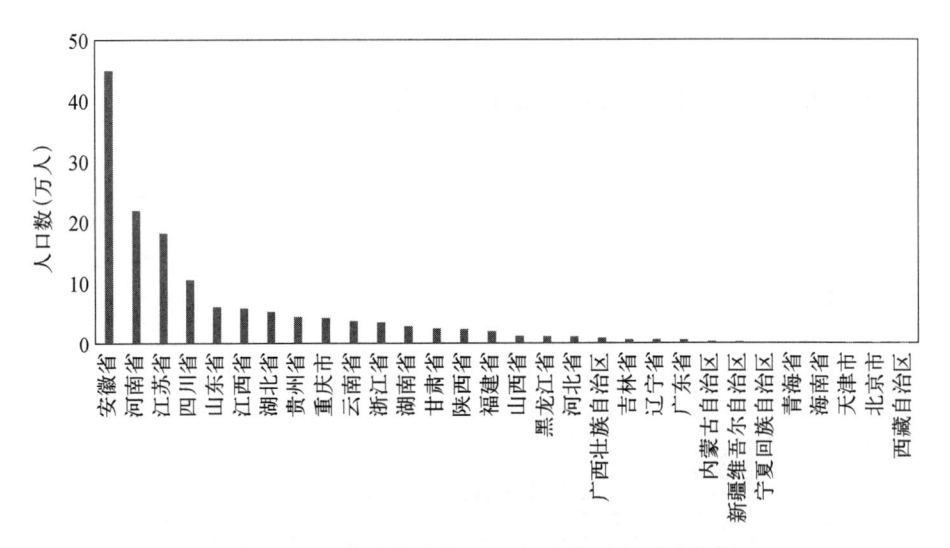

图 4-16 外省市来沪非正规就业群体来源地分布图

注:本次普查未调查来自境外的流动人口。
资料来源:根据2020年上海市外省市来沪常住人口普查资料编制。

根据"七普"中上海市外来非正规就业人口数据分析,可以得出流入上海的人口呈现出随距离而衰减的规律。来源地较多省区:安徽省23.15%,其次是江苏省17.16%,明显居于前两位,第三位是河南省,再次是四川、浙江、江西、山东和湖北。安徽省是距离上海较近的一个省区,而且又是一个农业大省,农村剩余劳动力多,因而距离近、经济发达的上海成为他们流动的首选。

按流动强度(各省在沪流动人口占该省总人口的比例)比较,其分布态势与总量大体相当,唯新疆、黑龙江等边远省区的流动强度较为突出,反映上海与边远省区的社会经济联系也在不断增强。

表 4-4 上海市外来非正规就业群体来源地分析

地　区	人口数(万人)	所占百分比(%)
安徽省	44.911 8	31.132
河南省	21.814 9	15.121
江苏省	18.092	12.541
四川省	10.442 9	7.239
山东省	6.005 5	4.163
江西省	5.796 2	4.018
湖北省	5.171	3.584
贵州省	4.365 8	3.026
重庆市	4.176 4	2.895
云南省	3.651 1	2.531
浙江省	3.423 9	2.373
湖南省	2.803 6	1.943
甘肃省	2.453 8	1.701
陕西省	2.346 6	1.627
福建省	1.973	1.368
山西省	1.161 2	0.805
黑龙江省	1.099 6	0.762
河北省	1.089 5	0.755
广西壮族自治区	0.858 9	0.595
吉林省	0.604 5	0.419
辽宁省	0.566 2	0.392
广东省	0.513 2	0.356
内蒙古自治区	0.290 8	0.202
新疆维吾尔自治区	0.238 1	0.165
宁夏回族自治区	0.130 9	0.091
青海省	0.090 6	0.063
海南省	0.088 8	0.062
天津市	0.053 1	0.037
北京市	0.044 5	0.031
西藏自治区	0.006 1	0.004

数据来源：2020 年上海市第七次人口普查。

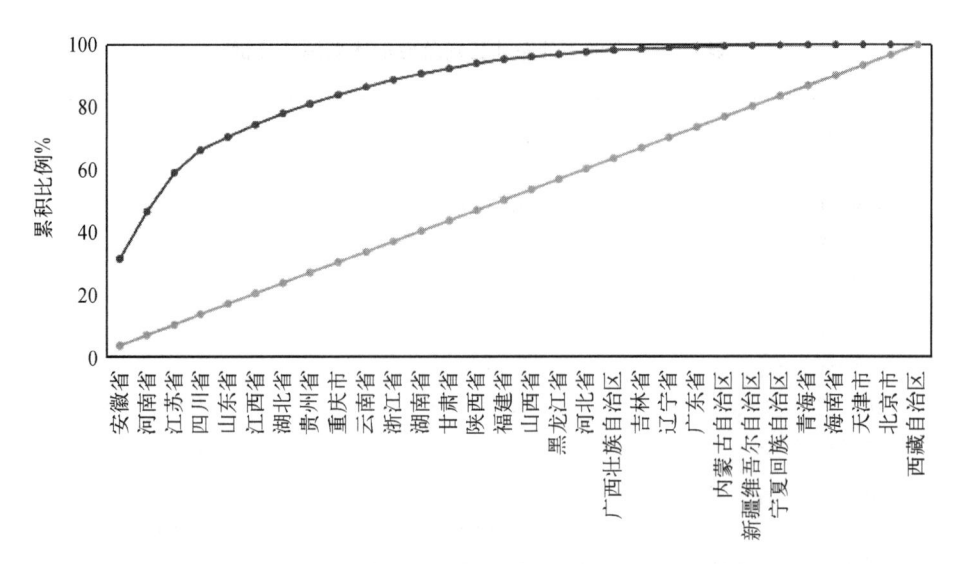

图 4-17　外省市来沪非正规就业群体来源地洛伦兹曲线图

根据外省市来沪非正规就业群体来源地数据及其洛伦兹曲线分布图，可以看出，2020年，上海市外来非正规就业群体总计144.3万人，其来源地分布较为广泛，主要集中在安徽、河南、江苏、四川四个省份，共占比66%，其中31.13%的外来非正规就业群体来自安徽省，同时安徽省也是在上海外来人口统计中最多的省份。河南省、四川省作为中部的农业大省，成了上海市外来非正规就业群体较多的省份。此外，邻近上海的江苏省在沪非正规就业人口数也达到了18.1万人，占上海市总体外来非正规就业人口的12.5%。

表 4-5　2000—2020年外省市来沪人口主要来源地

外省市来沪人口 主要来源地（%）	第五次普查 （2000年）	第六次普查 （2010年）	第七次普查 （2020年）
安徽省	34.5	30.2	23.2
江苏省	22.4	19.8	17.2
四川省	7.7	7.5	4.9
河南省	4.7	6.4	12.8
浙江省	7.2	6.4	4.9
江西省	6.0	5.8	4.8

从2000年第五次人口普查到2020年第七次人口普查,上海市来自安徽的外来人口始终是最多的,但是从2000年到2020年,在沪安徽人的比例下降非常明显。填补安徽人比例的主要是河南人,从2000年的占比4.7%提升到2020年的12.8%。其余几个来沪人口大省,如江苏、四川、浙江、江西,占比也有不同程度的下降。来源地人口较少的省区分为两类:一类是经济比较发达的省区,如北京、天津、河北和广东,特别是北京和广东本身就是外来人口比较多的省区,广东省是珠江三角洲的一个核心省区。另一类则是距离上海较远的省区,如东北三省和西部省区。

总体上,距离上海越远,流动到上海的人越少,符合距离衰减规律;同等距离情况下,经济越落后、农业人口比例越多的地区,流动到上海的人口越多。

二、迁移原因的理论分析

人口迁移区分为自愿移动和非自愿移动。我国人口从农村、小城镇迁移到大城市属自愿迁移。下面几个理论可解释分析他们迁移的原因。

（一）马克思、恩格斯人口迁移与流动理论

社会分工和生产社会化。每次大的分工都促进了劳动力的流动。马克思与恩格斯认为,随着资本主义的发展和生产的社会化程度提高,商品经济和市场的扩大使得人口迁移成为可能,并逐渐成为经济发展的必然要求。现代社会,生产的社会化程度越来越高,这种高度的社会化生产促进了劳动力的全球流动,使得劳动力能够根据不同的需求和机会在全球范围内进行配置。生产的社会化要求劳动力能够根据生产的需求进行灵活的配置和流动,以实现资源的优化配置和经济效益的最大化。因此,随着生产社会化程度的提高,劳动力流动也将变得更加普遍和必要。

（二）唐纳德·博格等人的"推力—拉力"理论

该理论在20世纪50年代末明确提出。人口流出地有起主导作用的"推力",流入地亦有"拉力"作用,拉力因素诸如有较多的就业机会、较高的工资收入、生活水平高、教育机会多、文化设施和交通条件好、气候环境优越等。流入地的不利因素：竞争、陌生环境、家庭分离等。流入地拉力大于推力，成为主导力量，促使迁移流动。

(三) 地方在人们生活中的意义在淡化

经济利益是迁居的主要目的。外来人员，哪里能够给他们带来经济效益，他们就迁居到哪里。

(四) E. G.雷文斯坦概括出七条迁移"规律"

一是，大多数迁移者仅做短距离迁移，这必然产生人的普遍位移，其位移趋向是向大工业中心迁移；

二是，近邻大城市的人口移动，产生吸收过程，这种过程往往产生需要由更遥远地区填补的空白处，就是说在城市中很少见到来自更为遥远地区的移民；

三是，扩散过程与吸收过程相似的特点，只是方向与之相反；

四是，每种迁移主流都要产生一种补偿逆流；

五是，长距离迁移者一般走向大城市；

六是，城市居民的迁移性低于乡村居住者；

七是，女性的迁移性高于男性。

(五) 库滋涅茨的人口再分布理论

"经济发展与人口的区域再分布相互紧密联系，互为变量。"他认为，经济增长由技术变革引导，而人口分布变动则是适应社会经济机会变化的结果。他还认为，劳动人口在性别、年龄、种族、家庭地位、教育程度、健康状况等诸多社会及人口学特征方面是具有选择性的。以找工作为背景的流动人口具有更高的生产效率，更能促进经济发展。

(六) 舒尔茨等人的投资与收益理论

"个人和家庭进行流动以适应不断变化的就业机会"，流动者在做出迁移决策时必须考虑流动的成本与收益问题。

(七) 行为学解释

行为学认为,迁移之所以产生是因为个人相信他们能够在自己目前所处区位以外的某一区位更好地满足自己的意愿。换言之,迁移决策是根据对机会的感应(即以不同的区位为不同的个人和群体提供不同的机会)而做出的。从根本上看,最为重要的正是这些机会的感知差异。[15]

三、迁移人口特征

(一) 男性比例高于女性

第五次人口普查中上海市登记的外来流动人口中,男性占57.6%,女性占42.4%。在2020年的第七次人口普查中,上海市外来非正规就业群体男女性别比为62.4∶37.6,男性比例明显高于女性。

性别特征在具体领域内的差异研究,如行业的性别差异、职业的性别分布、平均年收入差异等,将在后面相应探讨的内容中进行讨论。这些研究从不同侧面,都能反映出社会空间中该群体的位置。[16]

表4-6 2020年上海市外来非正规就业群体性别情况

性别	人数	所占百分比
男	900 054	62.4
女	542 591	37.6
合计	1 442 645	100

(二) 劳动段年龄人数占绝对优势

Castro等指出,人口迁移行为不是均衡地分布于人的生命周期之中,迁移的年龄结构具有集中于工作年龄段的一般性质。罗吉斯在20世纪70年代奠定了人口迁移年龄模式的理论基础,他通过对欧美国家人口迁移数据的分析得出结论:劳动年龄人口在25岁左右形成迁移率高峰,峰的两侧前陡后缓地不对称衰减;未成年人的跟随迁移率在婴儿时期最大,随着年龄增大逐渐减小;一些环境条件好的地区对退休老人有吸引力,会形成一个峰值较小的老年人口迁移率峰。罗吉斯用负指数分布拟合未成年人的迁移模式,用 Gumbel 分布模拟劳动力和老人的迁移模式,构造了著名的罗吉斯迁移模式。[17]调查结果证实了与 Castro 和罗吉斯的理论存在相一致的一面。第七次人口普查数据显示,上海市外来非正规就业群体中 25~29 岁、30~34 岁年龄段占比最高,分别是 15.3%、16.4%。第一,表明外来非正规就业人口中的劳动段年龄人数占了绝对优势,这与本地非正规就业群体的特征不同,本地非正规就业人口往往是下岗工人,其年龄相对偏高,以 40 岁、50 岁居多,因而在上海有著名的为解决该部分人员就业的 40、50 工程。第二,E.S.李曾指出,人所处的生命周期的不同阶段对迁移具有影响。调查数据表明,儿童和老年人的迁移率远远低于年轻人。从迁移的目的分析,以找工作为背景的迁移人口是劳动能力最强的时期,具有更高的生产效率,更能促进经济发展。最后,从社会空间的视角看,对于外来非正规就业群体,由于财富、社会网络、教育程度等都处于一种劣势,而唯一的优势就是年龄上的优势,使他们能够离开家乡进入大城市,选择非正规就业,形成同原乡中留守在农村人员的一种分化。

(三) 户籍为农业户籍

本研究的对象是从农村进入到上海的非正规就业人口,在 2005 年调查时仅针对外来流动人口,调查发现其 83% 为农业户籍,17% 为非农业户籍,也证实了外来非正规就业人口多为农业户籍。表面上反映的是户籍的差异,而实际上则为由于户籍性质不同所产生的各方面的差异,反映出社会空间的分化。户籍是很重要的一个因素。第一,由于户籍性质不同,受教育的机会、医疗保障、就业机会、收入等都不同,对于美好生活的向往是人类的共同特点,因此促使他们进入到大城市。第二,农业户籍在我国占比大,农村的家庭联产承包等制度、城市占地等原因导致农村有大量剩余劳动力,步入城市是他们的一条出路。第三,城市化进程的加快,很多大城市大规模发展城市建设,为农业户籍的人员进入城市提供了可能。第四,户籍性质的差别,也导致该群体同上海本地非正规就业群体的差异,一种是受地方保护,有低保、有再就业培训等;而另一种则是适者生存的自调节系统。农业人口的迁移高于非农业人口:在2005年的问卷调查中,农业人口人次高达1 757人,比例为82.5%,这也与E.G.雷文斯坦概括的迁移"规律"一致。原因在于:(1)城乡差别。古典经济学的创始人威廉·配第最早从经济发展的角度揭示了人口迁移的原因。他认为,由于比较利益差异的存在,会促使社会劳动者从农业部门流向工业和商业部门。列宁也指出,城乡经济差异是造成人口从农村向城市迁移的经济动因。(2)托达罗预期收入理论认为,欠发达国家的人口流动(农村向城市迁移)决定于两个主要变量:一是城乡实际收入差距;二是城镇中就业概率。预期收入与农村收入的差异越大,人口迁移的动力就越强,迁移人口就越多。上海城市居民2005年人均可支配收入为18 645元,2020年上海市居民人均可支配收入为72 232元;2005年我国农村人均纯收入为3 255元,2021年我国农村的平均收入达到了18 931元,按照J.沃尔波特地点效用的解释,即为迁移地满足水平高出现居地。

非农业人口来源地较多的省区与农业人口来源地较多的省区基本吻合,差异不显著,符合总体的距离衰减规律。东北老工业基地城市户籍比例高。尽管调查中东北三省所占比例不高,主要是由距上海较远所致。进行来自该三省的户籍性质统计,发现非农业户籍比例大,是农业户籍比例的两倍,说明由于东北三省经济不景气,有大量职工下岗,离开就业机会不多的城市进入经济发达的城市是他们的一种选择,理论上,由于距北京较近,流动到北京进行非正规就业人口比例应远大于上海。

(四)受教育程度偏低

2005年的问卷调查数据显示,初中文化程度的人数为1 267人,占59.2%,其次为高中、中专人数为573人,占26.8%。2020年第七次人口普查数据显示,初中文化程度为791 080人,占比55.6%。这种受教育程度,也决定了他们进入大城市中,可以进入的就业必然以非正规就业居多。

表4-7 2020年上海外来非正规就业群体受教育程度情况

受教育程度	人数(人)	百分比(%)
未上过学	30 470	2.140
学前教育	21 299	1.496
小学	254 158	17.849
初中	791 080	55.557
高中	195 973	13.763
大学专科	70 912	4.980
大学本科	54 011	3.793
硕士研究生	5 648	0.397
博士研究生	350	0.025
总计	1 423 901	100.000

数据来源：2020年上海市第七次人口普查。

四、个案访谈——提篮桥服装市场美甲店老板

为了更全面地了解上海市外来非正规就业人口的情况，在虹口区霍山路提篮桥服装市场，我们对一位美甲店的老板进行了访谈，通过她我们了解到上海市外来人口的相关信息。

初见老板，看起来很年轻，难以想象她竟然已经是一个大学生的妈妈。老板来自江苏省盐城市的一个乡下，2000年左右在她很小的时候就来了上海，在上海打拼有20多年，如今老板在浦东新区有了自己的房子，每天开车来美甲店工作，基本在上海这个城市立足。不可否认，过去20年间快速发展的上海吸引了大量的外来人口，宛如大浪淘沙，一些人获得了发展的机遇，一些人则在这个城市苦苦挣扎。

(一) 外来人口变化情况

1. 来源地

关于对上海外来人口的了解，老板表示，上海确实外地人很多，她儿子班

里 80%都是外地人。上海的外地人南方人多北方人少,特别是江苏、安徽、四川人较多,这与七普数据中外省市来沪常住人口的调查户数基本一致。

2. 上海外来人口增长率下降

近几年,上海的外来人口增长率下降的原因主要是:(1)上海生活成本增加。说起这一点,老板表示上海房价太贵,生活成本很高,当时和她一起来上海的很多亲戚朋友,如今好多都已经回老家去了。很多人回老家之后买房子做点小生意。也过得很舒服,并且三四线城市的生意可能比上海好做一点。(2)新冠疫情期间经济形势较差,对外来非正式就业群体的影响尤为明显。疫情之后大家好多回了老家,包括提篮桥服装市场就有很多人离开上海,她说,以她的美甲店为例,现在只要不赔本就是好的,有很多生意人摊子铺得很大,但是已经连续亏损好久了。

(二)就业类型

1. 外来非正规就业群体以自雇型为主

自雇,或称自雇人士,其工作的雇主就是自己。此类劳务提供者承担商业风险,不受劳动法律所保障,不能享受员工福利、有薪公众假期、工伤赔偿、退休金等。自雇者要申报营业牌照,为其收入申报所得税、营业税。

2. 自雇型就业的特点

(1)自主性很强。新冠疫情的发生对外来人口的就业等产生了较大的影响。老板表示,由于自雇型就业的自主性很高,他们可以晚上工作到11~12点才回家,也可以早早收工回家。

(2)社会福利需要自理。他们所享受的社会福利只能从自己那里获得,包括保险、医疗、公积金等。老板说自己会每年交社保,因为这涉及子女的教育和家人的医疗问题,但是周围的人想法各有不同,有的人则不会考虑社会福利的事情,他们认为买几套房子收租就很好。

(三)家庭

默迪曾经指出,当社会经济状况、家庭状况和种族状况被叠加在城市的物质空间之上时,他们应该被看作是社会空间主要维度的代表,它们扮演了把个社会均治区分隔成"用扇形——带状蛛网格子限定的小单元"的角色。[18]可见,家庭状况是默迪社会空间模型的三个"经典"维度之一。

戴维斯也把家庭状况作为社会空间六个维度之一。因为与家庭有关的因素控制着社会结构,因为声望和地位主要是以亲属关系为基础的。

家庭环境对其到上海工作具有较大的影响。对于如果重新选择是否还会来上海打拼,老板说她还是会来上海的,她表示她的爸爸在她小时候就经常在外面跑,家庭的因素影响了她,让她也成了一个敢想敢拼的人,而不是安于一隅。

笔者看到的提篮桥服装市场生意不是很好,有些商家在这里做了几十年做到今天,有的门店也已经关闭,客流量稀少,老板说来这里的基本都是老客人了,但是,再过不久这里也将进行拆除。那在这里进行谋生的外地人又将去往何处呢?从公平路一路走到霍山路,成片的水泥封墙和每条街的拆迁办事处昭示着上海市中心城区进行旧改的行动力,那些原本聚居在这里的外来非正规就业群体又何去何从呢?

图4-18 虹口区公平路—霍山路一带

非正规就业群体来到上海市之后,也会存在居住地点变更的问题。短距离迁移就是该群体在上海市的区内或区间的居住变更。这种区内或区间的居住变更的特点是:由于外来非正规就业群体对环境的陌生导致他们的住地更换频率不高。但是一部分人会为了方便工作、降低节约房租而更换住地。可见,在我国的大城市,地理空间范围大,受交通的限制强,非正规就业群体在收入低、交通费用高的情况下,多数选择了居住地靠近工作地。

人类生态学视角关于居住空间的解释是:城市一定区域内一定群体的优势产生于他们进行空间竞争的相对能力。研究表明:外来非正规就业群体处于社会和空间的双重边缘;由于居住的主动与被动选择,使居住分化(空间分化、质量环境分化)的趋势加强;富有阶层:居住豪华、以投资房产为资本积累的主要途径;普通市民居住在一般的商品房;低收入市民则是廉租房政策的适用者;外来非正规就业人员以租住极为低廉的住房为主,第一,他们在现实生活中的居住水平处于社会平均水平以下,第二,他们在未来的一定时间内存在无法改变自己住房现状的可能。

居住的分化也导致居住的隔离。对于外来非正规就业群体居住隔离形成孤岛经济效应,使他们方方面面都难以改变其落后的经济地位和社会地位。因此,清华大学社会学系教授孙立平指出:"社会和政府要做的是,如何保护这些每个人都可以享受的公共资源不受富人群体的瓜分和蚕食。"对于居住分化,国外进行大量对策的研究,两种对策为主,即分区居住和混合居住,在我国,总体而言,分区居住是主流模式,混合居住更多属于试验或探索的性质。

主要参考文献

[1] 保罗·诺克斯,史蒂文·平奇.城市社会地理学导论[M].柴彦威,张景秋,译.北京:商务印书馆,2005:15.

[2] 保罗·诺克斯,史蒂文·平奇.城市社会地理学导论[M].柴彦威,张景秋,译.北京:商务印书馆,2005:158.

[3] 保罗·诺克斯,史蒂文·平奇.城市社会地理学导论[M].柴彦威,张景秋,译.北京:商务印书馆,2005:220.

[4] 顾朝林,甄峰,张京祥.集聚与扩散:城市空间结构新论[M].南京:东南大学出版社,2000.

[5] 丁金宏,杨鸿燕,杨杰等.上海流动人口犯罪的特征及其社会控制——透过新闻

资料的分析[J].人口研究,2001(06):53-58.
[6] Sennett R. The Conscience of the Eye: The Design and Social Life of Cities Knopf New York. 1990.
[7] REX J. & Moore R. Race, Community & Conflict, Oxford University Press. 1967.
[8] Saunders, Peter.. "Domestic Property and Social Class." International Journal of Urban and Regional Research. 1978(2):233-251.
[9] Sullivan, Oriel. "Housing Tenure as a Consumption-Sector Divide." International Journal of Urban and Regional Research. 1989,13(2):183-200.
[10] 顾朝林.城市社会学[M].南京:东南大学出版社.2003.
[11] 保罗·诺克斯,史蒂文·平奇.城市社会地理学导论[M].柴彦威,张景秋,译.北京:商务印书馆,2005:26.
[12] 李培林.巨变:村落的终结——都市里的村庄研究[J].中国社会科学,2002(01):168-179+209.
[13] R. E. Pahl. Urban Social Theory and Research. Environment and Planning, 1969,1(2):143-153.
[14] Hamnett, Chris. The geography of housing wealth and inheritance in Britain. Geographical Journal,1992,158(3),307-321.
[15] 沃姆斯利(Walmsley, D. J.),刘易斯(Lewis, G. J.).行为地理学导论[M].王兴中,译.西安:陕西人民出版社,1988:291.
[16] 谭琳,李军锋.我国非正规就业的性别特征分析[J].人口研究,2003(05):11-18.
[17] 丁金宏,杨鸿燕,张浩光,等.小区域人口迁移年龄模式的定义与解读——1995—2000年浦东新区人口迁移分析[J].人口研究,2003(01):20-27.
[18] Murdie, R. A. Factorial Ecology of Metropolitan Toronto 1951-1961, Department of Geography, University of Chicago. 1969.

第五章

上海市非正规就业群体的就业空间

　　关于劳动地理学的研究起步比较早的国家是美国,早在 1985 年就开始了。Andrew Herod 是对劳动地理学的研究有突出贡献的学者,发表了大量关于该领域研究的学术论文,其代表作是《劳动地理学:工人和景观》,主要探讨了劳动经济关系中的空间问题。该专著的出版标志着劳动地理学研究的成熟。最为重要的是,他反映了工人的活动和组织如何刻画世界政治经济地理中的景观。Herod 认为,资本地理是争夺空间的地理。为了获得关于全球化进程及其对地方或国家层面的动态变化,Herod 认为,我们必须考虑工人要寻求自己的"空间方案",即为了确保自身的社会和物质再生产的空间条件。另外,Herod 探讨了劳动和资本之间的参与尺度,如地方的、国家的,或者全球的,当然也包含社会构建等。在结论部分,Herod 指出,"不理解社会关系发生的空间关联,就不能理解社会实践",再说白一些,即"种族、阶层和性别"三者的组合实际上应该是一种"空间、种族、阶层和性别"的四者组合。Herod 的研究是一种学术努力,推动地理学者去密切关注上述四个因素,特别是他认为工人在实体景观生产中是一个非常重要的因素。

　　"精彩人生,始于劳动",这是劳动社会保障出版社的宣传语。依赖劳动是实现人生精彩的必由之路,人们以就业的方式进行劳动,而在我们的社会中,不同的社会群体其就业又存在着巨大的差异,进而"精彩人生"也就有天壤之别。近年来,城市的就业问题比较突出,而外来人口涌入到大城市中,使城市的就业问题更加复杂化、就业矛盾更加突出。在进入门槛上,非正规就业是他们首先在城市中开始劳动的主要模式。本章主要从劳动地理学的视角,探讨外来非正规就业群体的劳动状况。

第一节　外来非正规就业群体的就业区位

一、主要分布在城郊接合部和浦东新区

(一)非正规就业区位研究的难度、复杂性,说明其同正规就业相比处于劣势

对非正规就业的研究涉及若干方面,如非正规就业的概念体系、测度、统计、分布等,对于非正规就业的区位引起就业的流动性、隐蔽性、分散性等因素造成研究的难度,但是正规就业由于其稳定性,不仅仅是就业人员就业状态的相对稳定,而且还指就业场所的稳定,这种稳定就使得调查研究就业区位的可行性增强,复杂度降低。从某种意义上,也是非正规就业处于劣势的表现。

(二)由流动人口分布得出外来非正规就业的总体分布特点是城郊接合部、浦东新区远超过中心城区

目前,我国大城市中外来人口同本地人相比收入低,城市交通费用高,决定了外来非正规就业人员的就业区位总是尽可能向居住地靠拢。当然,城市中的居民也存在同样的择业心理,只是当面临较高收入的工作时,他们会权衡,即通勤时间花费和收入之间的比较,另外他们已有的经济基础决定了他们更有能力进行更远的通勤。在这样一个判断下,我们不难得出就业区位与居住区位的关系,根据2020年外省市来沪人口普查数据,浦东新区、闵行区、松江区、嘉定区是流动人口相对密集的地区,因此,我们得到上面的结论。

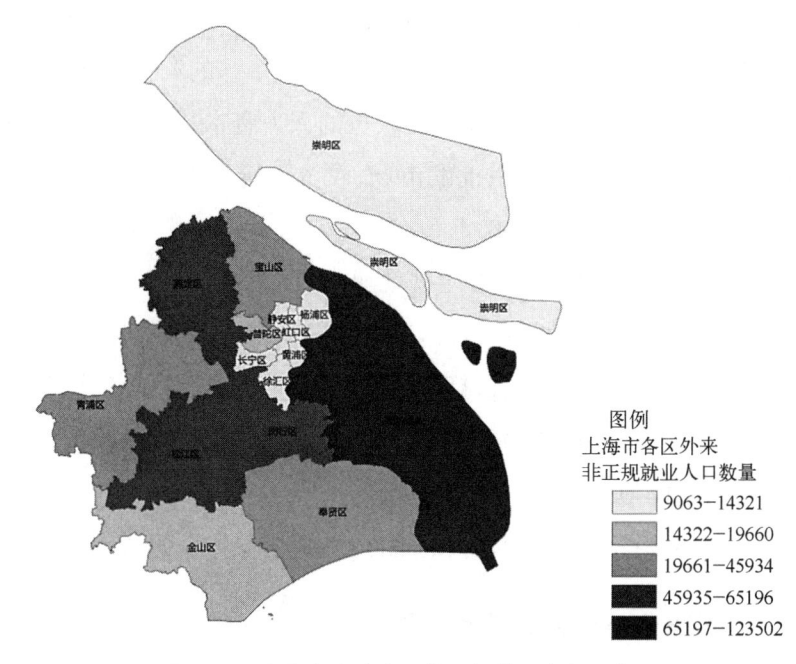

图例
上海市各区外来
非正规就业人口数量
9063–14321
14322–19660
19661–45934
45935–65196
65197–123502

图 5-1　上海市流动人口非正规就业分布示意图

二、非正规就业集中分布的三类典型区

（一）轨道交通中的"地下经济"

轨道交通（主要是地铁）站点是人流流动性最强的地方。(1)地铁站点的廊道。地铁公司不会错过充分利用地下空间资源的好机会，会出租很多摊位，地下廊道中充满着书刊、电话卡、小饰品、服装等微型店。(2)地铁站点出入口。这里常有一些卖小东西的地摊，如有些远道而来的藏民在这里出售藏饰。

（二）各类批发市场、居住区附近农贸市场和特色街是非正规就业云集之地。

多以点状和线状分布。外来非正规就业群体自身条件不足，缺乏社会竞争力人力资本因素。人力资本是指以生产技能、知识以及个人经验等形式凝结在劳动者身上的资本量，人力资本的存量可通过人力资本投资得到增加。

人力资本投资包括正规教育、在职培训、健康以及个人和家庭根据工作机会变化而发生的迁移。通过人力资本投资可以增强个体的竞争力,改善工作状况。但目前在上海市,外来非正规就业人员的人力资本却难以适应竞争的需要,进而导致这些人大多聚集在批发市场、农贸市场等人力资本竞争较弱的区域。

(三) 高校校内或附近地区非正规就业广布

大学中人口多,而且学生住宿制,对生活的需求某些方面比居住区多,因此校内外自行车修理部、理发店、打字复印店、小礼品店、各式餐饮店、文化用品店、服装店等基本都有。随着高校的郊区化,很多郊区的新校区成为非正规就业发展的新阵地。

其他还包括一些人流比较密集的地区,如旅游景点附近等。

三、不同职业类型分布特点不同

(一) 加工制造业的区位以郊区为主,中心城区少

造成该分布特点的原因在于:第一,城市土地利用规律。城市各产业在发展过程中,由于不同产业创造的产值不同,总体上,金融等属于投入少、占用空间少但产值高的行业,而加工制造业属于占用空间资源多,但其产值对城市总体的贡献率少,因此,世界上大城市的金融贸易区总是占据城市中最有利的区位,而生产制造业总是让位于这些行业,郊区化是必然趋势。在上海,有浦东陆家嘴金融贸易区、黄浦外滩金融贸易区、长宁虹桥商贸区等。

城市土地利用规划,不外乎就是寻求在有限的土地资源下,如何合理布局用地类型,实现土地利用的最优化。在这种思路下,中心城区以金融、商业等为主,郊区以加工制造业为主是必然。第二,由上述理论指导下的上海整个产业规划决定其分布规律。上海市政府提出中心城区的"退二进三",使得大量工厂企业外迁,上海市政府的城市规划方针是"市中心体现上海繁荣繁华、郊区体现上海实力",这大大地加快了工业郊区化的步伐。上海工业扩散

化和郊区化成为近期上海城市内部空间重构的一个突出特点。近期,上海工业布局重点是优化"三圈"工业布局,做到内环线以都市型工业为主,内外环线之间以都市型工业、高科技工业及配套工业为主,外环线以外,以装备类工业和基础原材料工业为主。[1]

(二) 社区服务业空间流动性强

1. 住户

保姆主要是钟点工,他们一般每天要跑几家,一天排得满满的,几个被雇住户距离不会太远。

2. 居住区内

废旧物资回收人员,每天骑着小三轮车,车上装着回收的旧物,来来回回地游走于某一居住区内。

3. 普通居住区附近街道

夜幕降临,华灯初上,是人们结束了一天的工作进入娱乐休息的时光,而有一些人则在这个时候才开始工作,普通居住区附近的街道是他们主要的工作场所,小车上装满了各式蔬菜等半成品,开始卖"麻辣烫";有的卖些不起眼的小东西,头饰、袜子等小本经营。流动性更强的是有的人骑着自行车,车上带着很多盗版碟片、唱片等,车后绑着一个录音机放着响亮的歌曲,穿梭于普通居住区的大街小巷,也是夜晚一道流动、"别致"、有声有色的风景线。这时候,一般不用担心税收人员、城管人员等"不速之客"的到来。非常高档的居住区附近不会出现这种现象,原因在于这些居住区不仅区内对外是排斥的,而且外围地区也是排斥的,另外,最关键的原因是那些非正规就业在这些地方没有市场。

有些社区服务业以固定状态散布或夹杂在居住区间。

一是,以自雇式为主的小发廊或小餐馆。为了节约房租,他们往往选择老社区的一个简易房作为营业场所,理发、餐饮收费远低于大的理发店、饭店,是偏爱实惠消费的普通居民的理想选择。

二是,空间更小、更简陋的废品收购站。前面提到的废品回收就业人员收购废品后,把他们再卖到收购站。也不乏一些居民亲自"送货上门",把废品直接卖到收购站。

三是,建筑装修业分布宏观上城郊接合部、新区较多。建筑装修业的分布应该同上海的房地产业开发分布一致。上海房地产业的迅速发展,为外来从事装修施工行业人员提供了更多的就业空间,城市土地利用的居住用地中心城区由于商业用地以及已有居住地的占据,房地产开发可用空间小,城郊、新区成为开发中心,城郊接合部的闵行和浦东新区自然成为分布的重心所在。微观上,该就业的空间流动性强,一般随着装修地点的改变而改变,周期通常两到三个月变化一次;而建筑施工人员的就业地点的变化周期略长,通常为半年到一年。

第二节 职业类型

就业是社会空间分化的一个维度,确切地说,职业由于与尊重有关,所以笔者认为职业是社会空间分化的一个重要的指标。而性别、教育、年龄等是形成职业差别的重要因素。

一、职业结构以制造加工和批发零售业为主

表 5-1 外省市来沪非正规就业群体就业类型

职 业 类 型	人 口 数	占比(%)
农、林、牧、渔业	6 095	0.826
采矿业	144	0.020
制造业	175 469	23.793
电力、热力、燃气及水生产和供应业	1 713	0.232
建筑业	79 842	10.826

续表

职业类型	人口数	占比(%)
批发和零售业	120 160	16.293
交通运输、仓储和邮政业	53 461	7.249
住宿和餐饮业	53 520	7.257
信息传输、软件和信息技术服务业	45 650	6.190
金融业	17 527	2.377
房地产业	23 832	3.232
租赁和商务服务业	45 599	6.183
科学研究和技术服务业	22 561	3.059
水利、环境和公共设施管理业	7 352	0.997
居民服务、修理和其他服务业	40 623	5.508
教育	17 242	2.338
卫生和社会工作	13 516	1.833
文化、体育和娱乐业	10 558	1.432
公共管理、社会保障和社会组织	2 606	0.353
国际组织	14	0.002
总计	737 484	1.000

数据来源：2020年上海市第七次人口普查。

  2020年"七普"数据中对外省市来沪人口的行业调查表明，外来非正规就业群体所从事的职业主要是制造加工人员和批发零售业，特别是制造加工人员的比例远远高于其他职业类型，说明外来非正规就业主要集中在低技能、劳动力密集的职业类型。外来非正规就业群体尽管我们在进行人口特征分析的时候曾指出他们主要是农业户口，文化程度不高，但同比于家乡的人来讲，他们是农村中的精英，比较有闯劲，进入上海本身就是他们能力相对强的一种证明，很多人也具有一技之长，有关文章也对此进行了论述，但由于户籍等限制，他们无法进入上海市的正规部门就业，而他们离开家乡流动到上海的最主要的目的就是增加收入，这促使他们进行自主创业。具有一定技能要求的职业如理发、社区服务人员等占有一定比例，而在机关、农林牧副渔业、废品回收等职业中比例较少。在机关比例低,反映的是上海市对外来人口的行业准入的限制,通过一些规章、制度、政策等限制他们进入某些行业和某些工种。常有职业准入、允许使用行业、限制使用职业、限制使用行业和对用工单位的要求:不得招用外来人员从事以上行业、职业等限制。对于外来人口从农业就业再换一个地区进行农业就业的意义不大,从职业变动的角度看,只是就业的地点发生变化,而第一产业的就业其收入相比第二产业、第三产业低,导致农林牧副渔业的比例低。废品回收人员比例低,一方面是由于本身职业人口的需求不高,再者,废品回收收入不高。笔者认为还存在一个职业歧视的问题,这也许是一个主要的原因,又一次证明了职业对社会分层具有指示作用。总之,如果职业类型按照层次进行划分的话,总体他们所从事的职业社会地位低,对于社会地位较高的机关工作和社会地位较低的废品回收两个端点在非正规就业群体中所占的比例不高。被调查人员农业户籍比例高,如果从职业变迁的视角看,他们首先实现了从第一产业的职业到第二产业职业的变动;有些则进入技术含量低、服务技能要求不高的第三产业就职。

二、不同街道(镇)职业结构不同

(一) 大多街道加工制造业和个体经营人员所占比例较高

近年来,商业成为闵行区迅速发展的领域。闵行区本着建立大市场、发展大贸易、搞活大流通的思路,通过对全区商业网点建设的总体布局,构建大容量、开放式、多功能、辐射力强的现代化流通网络。短短几年时间,闵行区商业网点有了突破性发展,私营经济发展迅速。第四次经济普查结果显示:2018 年末,全区共有批发和零售业法人单位 14 356 个,其中私营法人单位为 10 691 个,比例高达 74.5%,从业人员 98 353 人,占总体 50%。因此调查中私营个体的比例位于第二位,也符合该区的产业结构特点。

表 5-2　批发和零售业法人单位、从业人员数量（按登记注册类型分）

	法人单位（个）	从业人员（人）
合计	14 356	196 441
内资企业	12 871	129 756
国有企业	7	55
集体企业	59	189
股份合作企业	16	190
联营企业	6	55
有限责任公司	1 983	27 787
股份有限公司	97	3 083
私营企业	10 691	98 353
其他企业	12	44
港、澳、台商投资企业	475	37 256
外商投资企业	1 010	29 429

数据来源：2020 年上海市闵行区第四次经济普查数据。

（二）江川路街道以专业技术和餐饮住宿服务人员比例相对较高

紫竹科学园区的建设促使该街道从事高科技行业比例大，职业技术人员比例较高。江川沿江新居住区定位为紫竹科学园区和大学园区，配置高级生活区，供科研人员、管理人员和教师居住，其目标是建设成为富有特色的上海和国内外高层次人才的生活基地。因此，该街道餐饮服务业较发达，从业人员比例较高。

（三）华漕镇和莘庄镇加工制造业占比高

同其他街道相比，华漕镇最高，占其所在镇的 81.7%；这与第一次经济普查的一些结果相吻合。第一次经济普查数据显示，2004 年末工业企业从业人员最多的在华漕镇，其人数为 70 905 人，占 16.0%。到第四次经济普查数据显示，2018 年末工业企业从业人员最多的在虹桥镇，其人数为 162 047 人，占比 14.9%。总体从业人员比例大，不难推断相应的外来人员从事该行业的比例也应该大。

（四）梅陇镇的个体经营所占比例明显相对其他镇高

梅陇镇在闵行区南北向的中部，东与徐汇区相接，北连古美街道，西与莘庄、颛桥两镇接壤，东南紧临吴泾镇。长期以来，梅陇镇一直是个体经济非常活跃的乡镇，以九星的综合批发市场最为典型。

（五）七宝镇以商业金融服务业从业人员居主导

商业已成为该镇的发展重点，现已形成了比较成熟的商业网点，主要集中在七莘路、漕宝路、吴中路两侧。其中，七宝老街带来了旅游业的红火发展，是外来个体商业服务云集的地方，因而该街道商业、个体经营较为发达，其加工制造业比例明显低于其他街道。

（六）颛桥镇社区服务人员比例高

颛桥镇加工制造业比例不高，占12.7%，而个体经营占22.1%，保姆或居民服务人员比例高达19.7%。颛桥镇也是闵行区主要的工业区，但是调查结果并未显示该特点。可能是样本选择，导致偏差。

三、受教育程度不同职业明显不同

造成前面对职业结构差异一个很重要的原因就是受教育程度决定的。受教育程度的高低，往往决定了一个人职业的社会地位。不管是布劳与邓肯，还是同期进行的李普瑟特与本迪科斯的研究，都将职业地位的获得归因于受教育程度的高低。[2]

初中教育程度在就业中的人口比例最高，本科及以上的比例最低。

关于两端的职业类型分布情况，在高学历层次的职业类型分布研究中，以专业技术人员和机关事业单位管理人员所占比例较高，而低教育程度的人员主要从事废品回收工作和农林牧副渔业。这种区别证实了受教育程度高低决定了职业的等级及由此反映的社会地位，体现了非正规经济中教育的回报状况。偏低的受教育情况造成的结果就是就业隔离。受教育程度低，外来人口就业就只能局限于较低层次，职业流动机会少，形成与市民之间的就业隔离，进而再形成社会隔离。

与本地居民在业人口的学历对比差异明显。根据2005年1‰人口抽样调查样本框下,2005年11月开展的闵行区城镇居民失业率抽样调查数据表明:在业人口的学历呈现上升趋势,高中及以上学历的人口占在业人口的75.8%,其中大专和本科学历的人口占38.6%。"七普"数据显示,2020年末,高中及以上学历的人口占在业人口的70.3%。其中大专和本科学历的人口占46.3%。

四、受教育程度和劳动强度造成不同性别职业差异

男性比例显著高于女性比例的职业类型包括:建筑装修施工人员、运输设备操作人员和农林牧副渔业人员。女性比例显著高于男性的职业类型包括:制造加工人员、企业管理和办事人员(包括个体或私营业主)、商业金融服务人员、餐饮住宿服务人员。专业技术职业和人的受教育程度密切相关,由于受教育程度男性高于女性,因此专业技术人员男性的比例高于女性;机关事业管理人员、保姆或居民服务人员以及农林牧副渔人员性别差异不显著;制造加工人员则性别差异显著,而且是女性比例远高于男性,原因在于,一方面闵行区产业结构以第二产业为主,低技能、劳动密集型产业多,对制造加工业的劳动力需求量大;另一方面,从职业准入视角考虑,制造加工业相比建筑装修业,劳动强度小、工作稳定性高、室内作业多,女性进入的可能性、可行性更大。劳动强度比较大、工作环境较差、工作流动性强的建筑装修业、运输设备操作人员、废旧物资回收人员中男性远高于女性。总体上,由于性别差异导致的生理上的差异、教育程度的差异,使同男性相比,女性就业选择的空间小。这反映出女性从就业视角看处于弱势中的弱势。在城市中,也提供了一些违反道德标准的机会,如通过提供性服务获取报酬。在调查过程中,我们也注意到有些年轻女性,在发廊等场所工作,从穿着打扮反映出从事性工作的可能性大,从口音上判断出不是本地人,这说明外来女性,在城市职业门槛高、自身技能低,又迫切希望能够有较好收入的情况下,冒着感染性病的高风险,从事性工作是一种无奈的选择。如果说这也是一种职业的话,这种

职业的社会地位,同其他职业相比更低。由于法律、社会歧视等造成对从事该职业调查统计的困难。但她们也是非正规就业群体中不容忽视的群体,有些健康等问题需要社会的关注。同样从事性质相同的事情,而本地人当中也不排斥有些年轻女性被富商、外国人包养现象的存在,相比街头发廊的女人,她们更隐蔽、待遇更高、收入更好,不同于那些人在大庭广众之下去招揽生意,同时也在大庭广众之下感受歧视。这是从事同样工作的差别对比。

五、劳动强度大、技能要求高的职业年龄年轻化

不同职业的总体年龄分布状况:制造加工业年龄最小,其次是专业技术人员和个体业主,餐饮住宿服务人员;废品回收人员年龄最大,其次是运输设备操作人员、建筑装修施工人员和农林牧副渔业人员。分析原因,制造加工业工作强度高,对年龄要求苛刻;而对于废品回收人员来说,往往是在职业划分中,劳动强度、技能要求不高。

第三节 就业途径

一、核心理论是工作搜寻理论

工作搜寻是国外近年来研究的热点。在工作搜寻的过程中,存在着不同的社会群体,其工作搜寻成本、机会等存在很大差异,即存在搜寻的机会不平等的问题,这在弱势群体中体现更为明显。工作搜寻涉及社会关系网络、距离、信息等因素。

二、就业途径的影响因子分析

(一)亲缘和地缘因素是社会关系网中的基本因素

在进行就业中,社会关系网络对于工作的搜寻起到主要的作用。关系网

络是城市就业中的社会资本。格兰诺维特(Mark Granovetter)在波拉尼(K. Polanyi)倡导的"嵌入性"(经济关系嵌于社会关系之中)的基础上于20世纪70年代发展起来"社会网络分析"理论,并进行了该理论与就业的研究。我国学者边燕杰结合中国国情在该理论的基础上成立了社会网络分析的"中国版"。以家庭为中心的亲缘关系是最基础的关系网和社会资本;地缘和业缘关系是常用的关系网和社会资本;新的业缘和朋友关系是弱关系网和社会资本。

(二) 距离因素——就业机会受搜索距离的影响

一般来说,一个人搜索的范围越大,获取就业机会的可能性越大。搜索的范围,往往是以居住地为中心向外扩展。影响搜索距离,交通是一个因素,再就是对城市空间特别是实体空间的认知,行为地理学中有关人们对空间认知程度可以通过城市意向图得以反映。根据在城市居住时间的差异,信息获取手段的差异,社会交往空间的差异,活动空间的差异,经济条件的差异等,我们有足够的理由得出城市居民比外来人员的城市实体空间认知程度高,外来非正规就业群体的工作搜寻的距离半径相对本地居民要小,自然其得到的就业的信息就少,就业的机会就少。再者,该群体主要依赖就业信息的非正规渠道,所以他们对远距离的工作信息了解较少。

(三) 信息因素——获取就业信息少,存在信息不对称

一方面受空间范围的影响,另一方面,现代媒体、媒介对信息的传递比空间距离的影响更大。在城市中,很多跳槽、下岗人员是通过网络、社区等渠道获取工作,获取就业信息的渠道多、机会多;对于外来人员由于受教育程度的限制,接触现代媒介的机会少;再者,即便是可以接触到劳工网等,他们又受到户籍、学历等诸多限制,就业的机会很少;而社区,其就业信息服务的对象是本社区的居民,外来人员不在考虑之列。

三、上海市外来非正规就业群体的就业途径特征

(一) 通过以亲缘和地缘关系为主的社会网络是寻找工作的主要途径

在调查信息中,有40%的人员找到工作是通过亲戚朋友介绍的,证实了

他们的亲缘关系、地缘关系是最基础的关系网和社会资本。在中国,社会关系网络对于就业依然是一个很重要的因素。翟学伟曾分析过:越是在非正规就业中,人们越倾向于认为可靠的信息往往来自个人之间的信任,不可靠的信息往往由社会发布。[3]因此,外来非正规就业群体依赖自己的亲属老乡来寻求职业,因为他们相信,只要有熟人做中间人、做义务担保,那么信息为真的可能性就会大,特别是当同一信息在熟人圈中重复出现时,求职信息的可靠性便得到了强化,他们便感到安全。

(二)自我创业占有一定比例

在调查中,21.6%的人通过自我创业途径解决就业。一方面,反映外来非正规就业人员找到工作比较困难;另一方面,体现的就是外来非正规就业群体内部也存在着分化。自我创业往往其生存能力、就业能力比较强,收入虽说参差不齐,但总体上要高于其他方式就业的收入。

(三)工作搜寻的性别对比

1. 女性对劳务市场的依赖程度高

女性依赖该途径所占比例为20.7%,而男性为12.8%。原因一,女性往往被认为是就业中的弱势群体,通过非正规渠道找到工作难,因此劳务市场是他们的一个选择;原因二,目前劳务市场的招工多以家庭保姆、钟点工等家庭服务性工作居多,而这些职业多为外来女性所从事的职业。

2. 自我创业中男性比例高

原因一,自我创业收入相对高,而男性多为家庭主要的经济支柱,承担着养家糊口的责任和义务,经济动因促使他们进行自主创业。原因二,女性相对男性,在抚养子女、照顾老人上承担着更多的责任和义务,没有更多的时间和精力投入自我创业,当然随着社会的发展和进步女性自我创业的比例在逐步提高。

(四)与市民找工作场所的差异:劳务市场与劳动职业介绍所

外来非正规就业人员有17.0%是通过劳务市场找到工作的。本地通过劳动保障部门的职业介绍所及其他职业介绍所求职的失业人员占

34.6%。城市空间不仅仅是物质结构,也是人们想象的产物。某些地域总是包含了一些隐喻。提到劳务市场,很多人就会想到一些工资低、待遇差的就业机会,眼前呈现市场空间的房屋狭小、简陋,建筑外观破旧,还有出入其中穿着与这个城市不太协调,但似乎与这里嘈杂、拥挤、简陋的环境有某种一致的等待职业的人群,市场的老板也往往是说着和这个城市方言语音、语调都很不同的语言,这一切都以各种不同的符号的形式进入视觉、进入大脑,形成一种感觉,都会给人一种非正规、低层次的感觉,都会让人感觉这是为另类群体服务的空间。而本地居民的职业介绍场所,从空间范围上往往比前者大,建筑、装饰都让人感觉到它是一个正式的空间,工作人员是本地的正式员工,从穿着到语言都与前者迥然不同。寻求就业也有它一套固定的流程,显示出很强的规范化,而出入其间的求职人员也都是操着本地口音对工作品评的一些人。在这两种不同的景观的背后,进一步挖掘、思考得到的是什么?前者往往是由一些外来人口在城市里生活工作了一段时间有一定社会关系的人成立了劳务市场,他本身从事的也是非正规就业;而后者其支持者是地方政府,是本地的劳动保障部门,这也形成了鲜明对比。外在的景观存在差异、背后的支持存在差异,而最为根本的就是出入其间的求职人的职业选择,也存在心理差异。选择职业,收入是很重要的考虑因子,但绝对不仅仅如此,人们还要考虑面子、身份等,即所谓的体面就业,在上海,当地人从事保姆、钟点工等工作的几乎没有,而外来人员就不需要面子了吗?社会空间分化,不仅仅包含了一些外在的一些可评价的指标,社会空间还在人们的心里。人们往往在心里给自己的社会地位、身份等有一个判断。因此,在遇到不同的人时,首先用视觉迅速做一个判断,接下来决策自己同他人交往的方式、行为方式。在这样的情况不断发生的过程中,社会分化逐渐加剧,社会空间中不同空间的轮廓越来越清晰,彼此之间的界限愈来愈明确,"我属于这个空间,你属于另外一个空间……"。

第四节 外来非正规就业群体的收入状况

收入与就业密切相关，这是不言而喻的。在社会主义市场经济的今天，个人收入可能是唯一的最有意义的指标，它与人们的受教育程度、职业、购买力（特别是住房）以及价值观、对别人的态度有关。城市内部收入的地理分布不仅从微观上具有陡直梯度和断续重叠的特征，而且高收入家庭与内城穷人居住区间具有明显分区的特征。

一、家庭月均收入较低

国家统计局上海调查总队2017年农民工市民化进程动态监测调查显示，上海外来农民工年收入超过6万元，平均月劳动收入为5 421元（含单位提供的住宿和餐饮补贴折算），和本地居民人均可支配收入相当。通常情况下，农民工是一个家庭收入的主力，因此农民工的家庭月均收入（以三口之家来算）远远低于上海市本地居民的家庭月均收入。

有学者以家庭收入为因变量，以家庭社会资本、父母学历状况、父母职业状况、父母职位状况、对政府满意度、地区发展程度、思想开放度、民主程度等作为自变量做OLS回归（Ordinary Least Squares，一种常用的线性回归方法），结果表明，家庭收入存在着城乡差异，在当前情况下家庭中父母的学历及职位状况是决定家庭收入的主要因素，家庭社会资本的累积状态并不是决定家庭收入的主要因素。基于问卷调查数据（2005年），本书对外来非正规就业群体收入影响因子进行了多元回归分析：应用Step方法筛选的自变量包括：职业、受教育程度、来沪年数、劳动合同、性别和年龄。

由回归模型可知，不同职业类型收入不同，受教育程度越高，收入越高；来沪时间越长，收入越高；女性收入低于男性；年龄越大，收入越高。

二、个人月平均收入较低

根据走访调查,外来非正规就业人员月收入为 3 000~4 000 元,而上海市 2020 年月平均工资为 10 338 元(数据来源于上海市人力资源和社会保障局),闵行区职工月平均工资为 8 030 元。因此外来非正规就业人员的工资都远远低于上海全市职工月平均工资和闵行区职工月平均工资。

三、收入的内部分异

基于问卷调查数据,开展了相关的分析。

(一) 月平均收入的职业分层——劳动强度大又有一定技能人员收入高

月平均收入的职业差别体现在月平均工资居于前三位职业的分别是运输设备操作人员、个体或私营业主和专业技术人员。总体来看,男性较多的职业其收入比女性高,即脏、累的职业收入相对高;个体收入高于其他职业收入;技术要求高的职业收入较高;总体上职业等级高的收入相对高。收入与技术要求和职业私有化程度有关。收入最低的是制造加工人员。收入如果按高中低进行划分的话:高层为劳动强度大又需要一定技能的受雇人员,占有一定资本并雇用他人的业主或占有少量资本并自我雇用的个体劳动者;中间层次为社区居民服务人员;低层为农业人员以及除了劳动力之外一无所有的打工人员。

(二) 月平均收入的教育程度对比——受教育程度越高,收入越高

研究发现,总体的月平均收入和教育程度的关系是受教育程度越高,收入越高。大学本科及以上的人员的收入是小学及以下教育程度人员的近 3 倍。

(三) 月平均收入与在上海工作年限——在上海工作时间越长,收入越高

在上海的年限越长,其收入越高。到上海 17、18 年左右其收入达到一个

峰值,但此后,收入呈下降趋势。说明外来非正规就业群体的职业往往是以体力劳动为主,当年龄不具备优势的时候,收入也开始下降。

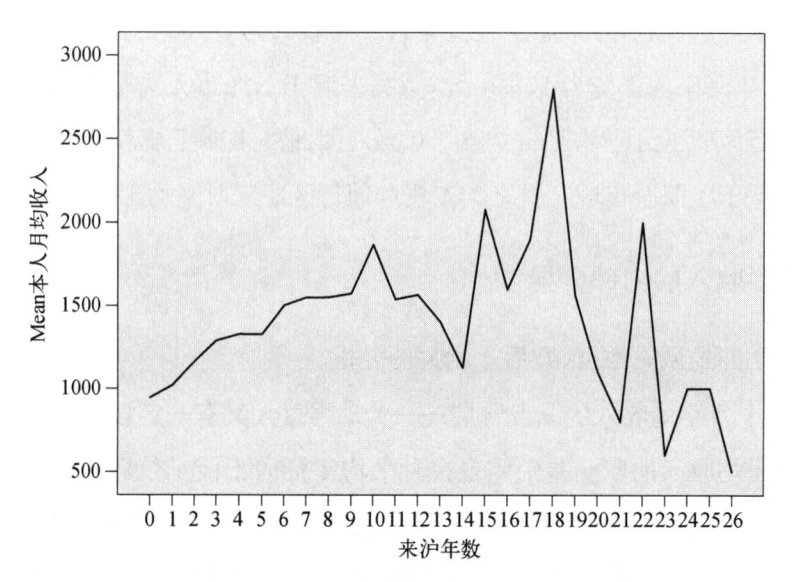

图 5-2 来沪年限与月均收入关系图

(四) 月平均收入差异的年龄对比——中年人形成收入的峰值

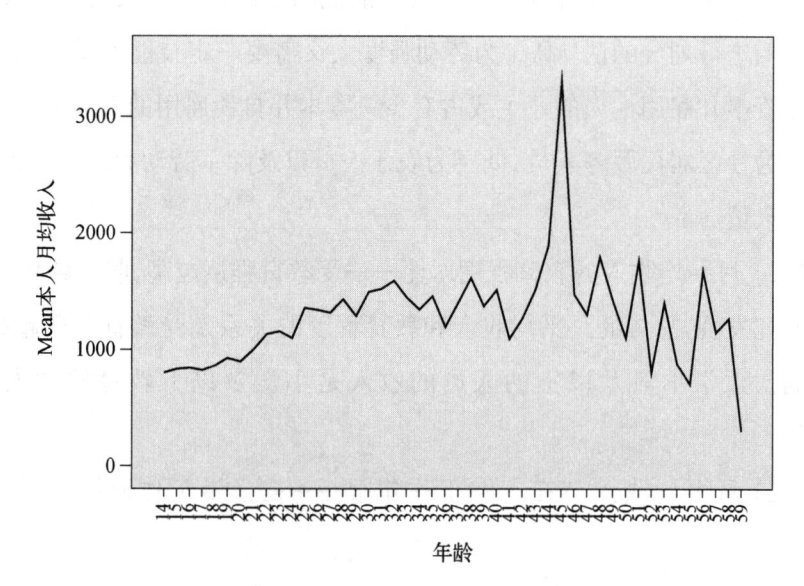

图 5-3 年龄与月均收入关系图

40岁到45岁之间的职业类型分析,其峰值为从事个体经营的职业,进一步研究发现,该年龄段的人到上海的时间也比较长,介于5年到10年之间居多。说明到上海若干年后,适应能力增强,积累了一定的行业经验和社会经验,由于户籍造成就业的准入门槛问题,这些人进入自主创业的队伍,并且收入较为稳定且相对高。

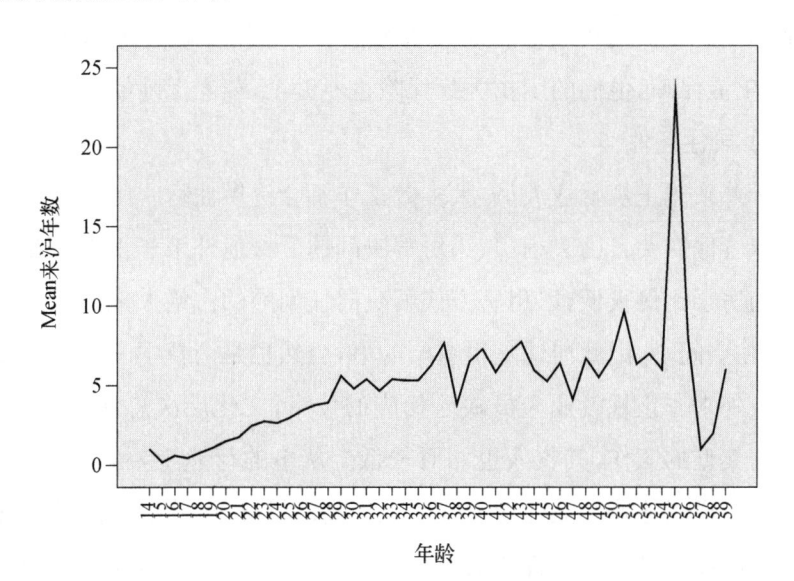

图 5-4　年龄与来沪年数关系图

第五节　就业环境和劳动保障

一、社会保障差、居住条件不理想

调查说明,外来非正规就业群体感到与本地居民在就业劳效、社会保障、权益保障、子女就学、居住条件、医疗保障、文化生活等方面有差距。由于城乡分割的二元体制及户籍制度的影响,在外来非正规就业人员与本地人对比中,外来人员感到差距最大的前三位分别是社会保障、医疗保障和居住条件。

（一）社会保障与医疗保障

外来非正规就业人员就业与生活的临时性、不稳定性，使他们对医疗保险等劳动保障关注程度不是很高，社会保障意识相对薄弱。外来非正规就业群体不仅不能享有城市居民所拥有的住房、医疗、失业、义务教育、养老等方面的社会福利，而且由于消费在其收入中所占比重高，这就使得农民工在城市中基本上处于低福利或福利缺失状态。城市农民工缺乏最基本的失业保险、最低生活保障，他们的工伤医疗保险也不健全，养老保险缺失。

（二）居住条件

对于外来非正规就业人员，大多数工作不会提供住宿。工作单位不提供住宿意味着他们要自己去租房、买房解决问题。目前外来非正规就业群体拥有自己的房子比例很低，以租房方式解决居住问题的占绝大多数。上海人口众多，居住空间小，因此居住是很重要的事，当然也是消费中一个很主要的支出。多数外来非正规就业人员缺乏相应的技术，文化层次总体较低，主要从事劳动密集型的工作，其收入也相对较低。从事的行业主要有施工装潢、贸易、工业、交通运输业和效劳业。在收入不高的情况下，我们就能理解在上一章中探讨的该群体居住条件恶劣的原因了。在调研访谈中，我们来到了上海外来人口数最多的城中村——许浦村，一位刚刚来许浦当保安不久的大叔说，他来自安徽淮南，来上海工作好几年了，但是对于他来说仍然租不起许浦的房子，收入低房租贵的现状让他只能将居住地向外围迁移。

二、每周工作时数长，超时工作很普遍

在现代社会随着技术的高度发展，雇佣者对被雇佣者的压榨已从原始的通过加长工作时间获取剩余价值，转化为通过应用技术，减少工人的数量需求实现间接剩余价值的获取。对于我们研究的对象，由于非正规就业的特点决定的雇佣者压榨被雇用者还是采用最原始、最基本的手段延长劳动时间。我国劳动法第三十六条规定："国家实行劳动者每日工作时间不超过八小时、平均每周工作时间不超过四十四小时的工时制度。"但在我们的调查中，被调

查者平均工作时间为60个小时,其中20%是每周工作40个小时,属于正常范围;其次就是有12.7%的人工作是70个小时,远远超过正常工作时数。并且,这种超时工作披上了一件"多劳多得"的漂亮的面纱,因此,在调查到超时工作的原因时,调查选择最多的是由于工作性质是计件工资,多劳多得,为了能够得到稍多一些的工资,工人不惜超负荷工作。虽然超长劳动时间是违反劳动法的,但这种现象却司空见惯,而且大有"姜太公钓鱼,愿者上钩"的味道。

对比西方一些发达国家,我国现阶段雇主还是通过延长工作时间来获取更多的利润,而国外,由于工会组织的发展及作用的发挥,工人在法律上有保障,资本的获取主要是通过消费实现的。在工资合理合法的情况下,通过提高住房的价格等方式把资本收回。而在我国,目前工厂里延长劳动时间普遍存在,城市住房市场价格"遍地起火",在大城市尤为严重。对比西方国家,该群体被剥夺状况可想而知,是一种生产和消费的双重剥夺。

三、劳动的法律保障——劳动合同签署比例低

西方发达国家早已实现劳动关系法制化管理。在我国,随着就业市场的不断发展,劳动关系的法制化程度越来越高。作为劳动关系合法化的一个特点就是全面实行劳动合同制度,即用人单位与劳动者建立劳动关系应当依法订立书面劳动合同,明确约定合同期限、工作内容、劳动条件、劳动报酬等双方的权利和义务,在平等自愿的前提下,双方就订立、变更劳动合同等事宜进行协商。调查中,没有签过劳动合同的比例还是比较高的。说明外来非正规就业群体劳动方面没有法律上最基本的保障。劳动合同签署情况的性别对比不明显。

四、拖欠工资现象依然存在

由于上面分析的劳动合同签署比例低,工人的劳动缺乏法律保障,对于拖欠工资的现象的存在就不足为奇了。马克思认为,工资是维持劳动力生

存、劳动力再生产的条件,拖欠工资使劳动力无法生存和再生产,形成一种典型的绝对剥夺。拖欠工资的问题长期以来一直是在非正规就业群体中普遍存在的现象。正是由于没有法律的保障,才使得这种现象的发生,很显然对于那些签署劳动合同的人员来说,拖欠工资的现象就少得多。

五、工作环境一般化

雇主想降低或节约投资成本,除了给工人发放较低的工资外,在工作环境上,也尽量减少投入:硬环境,如让职工在对身心有害的重污染环境下工作;软环境,如工作的氛围、培训的机会等。调查表明,60.3%的被调查者认为工作环境和劳动条件一般。

对于工作环境和条件选择满意度的影响因子的多元回归分析,本研究选择的影响因子包括性别、受教育程度、职业、笔者月均收入、免费供餐、免费住宿、每周工作时数、通勤时间、劳动合同、更换工作次数。在确定自变量的挑选方法时,选择了 Stepwise 逐步进入法。该方法首先根据方差分析的结果选择对因变量贡献最大的自变量进入方程,每加入一个自变量进行一次方差分析,如果有自变量使 F 值最小且 T 检验达不到显著性水平,则予以剔除,这样重复进行,直到回归方程中所有的自变量均符合进入模型的要求,而模型外的变量均不符合进入模型的要求为止。多元回归分析的结果是显著性自变量,包括免费供餐、每周工作时数、笔者月均收入、通勤时间、更换工作次数、免费住宿六个因子。

结合样本调查数据和多元回归模型,对工作环境和条件的满意度与自变量的关系如下:免费供餐越好、笔者月均收入越高、更换工作次数越少、通勤时间越短、每周工作时数越少、免费住宿条件越好,则工作环境和条件满意度越高。

总之,从调查情况看,外来非正规就业人员主要从事苦、累、脏、险的工作,同时也承受着社会的歧视和不公平待遇。调查结果显示,这些人"偶尔"或"经常"遭受歧视排挤,一方面,使外来非正规就业群体不能融入城市社会;

另一方面,在城市中遭受的种种歧视性待遇,得不到根本的尊重和人际照顾,促使或加重了他们的孤立感和无助感,产生对城市居民的不满情绪,甚至对立情绪。这不仅影响他们的工作积极性,而且容易激化矛盾,影响社会稳定。一些外来非正规就业人员反映闲暇时间缺乏,精神文化生活贫乏。调查表明,尽管外来流动人口在城市居住时间延长了,但迫于工作和生活的压力,他们还是不能真正融入城市生活,他们的精神文化生活阵地极其匮乏,娱乐场所大部分人消费不起,很少从事休闲、娱乐、体育等活动,生活枯燥单一,形成了"白天忙于生计,晚上无所事事"的状况。

第六节　就业的政策导向

上海市对城市中的下岗人员和外来非正规就业人员的就业政策是不同的。对下岗失业人员再就业优惠政策包括:首先从优惠对象范围上外来非正规就业人员不在其列;对于从事个体经营的,3年内免征营业税、城市维护建设税、教育费附加和所得税,并免收属于管理费、登记费和证照类的所有各项行政事业性收费。各类中介机构对下岗失业人员从事个体经营涉及的各类服务性收费,要按照最低标准收取,严禁强制服务和强行收费。确定了免交的收费项目,如国家规定的收费项目有工商部门收取的个体工商户注册登记费(包括开业登记、免费登记、补换营业执照及营业执照副本)、个体工商户管理费、集贸市场管理费等。下岗失业人员自谋职业和自主创业还可以办理额度在2万元左右的小额贷款。对服务型企业招用下岗失业人员也享受一些优惠政策。2023年,上海印发《关于优化调整稳就业政策全力促发展惠民生的若干措施》的通知,通知指出,上海市常态化开展失业人员再就业"人人乐业"专项行动,加大对失业人员再就业帮扶力度。对招录登记失业三个月以上人员的本市用人单位,符合规定的给予一次性吸纳就业补贴,政策实施期限截至2023年12月31日。符合条件的大龄失业人员实现灵活就业的,按规定给予社会保险补贴和岗位补贴。

下岗失业人员可享受的就业服务有：对登记的下岗失业人员在各级公共职业介绍机构中，均可免费享受求职登记、职业指导、职业介绍、职业培训、鉴定申报、档案托管、社会保险接续"一站式"就业服务。

对于外来非正规就业群体的就业空间的研究表明：(1)"三元劳动力市场"的形成。我国社会学者曾指出，我国由于户籍存在着城乡分割的"二元户籍制"，导致我国城市职工与农民工分属于典型的二元劳动力市场。[4]而通过笔者的调查分析，在上海，不仅仅是一种二元劳动力市场，如果进一步具体划分，形成市民正规就业、市民非正规就业和外来人口的非正规就业的"三元劳动力市场"。因为，在非正规就业群体中，市民和外来人口的非正规就业具有典型的差别。受到国际劳工组织赞赏的"上海模式"的非正规就业是针对城市中下岗职工的再就业而创造的就业模式。很多就业政策和信息获取与外来非正规就业人员是无缘的。这种劳动力市场的分割，是一种横向分割，而非纵向分割(劳动力职业等级的客观界限，也称技术分割，源于劳动力素质和受教育程度)。这种横向的行政分割，造成地方对外来劳动力的歧视。(2)多元剥夺的存在。P.汤森(Peter Townsend)曾使用过"多元剥夺"的说法，"多元剥夺"指几种剥夺相互重叠的特点。也有称之为"循环剥夺"。通过职业准入、外来人口就业管理等，实现剥夺。具体就业中，又通过就业信息的获取机会不平等、劳动关系不合法、工作时间超时等方式实现多元剥夺。

主要参考文献

[1] 杨上广.大城市社会极化的空间响应研究[D].上海：华东师范大学，2005.
[2] Blau P M., & Duncan O D. The American Occupational Structure. New York：Wiley. 1967.
[3] 翟学伟.中国人的社会信任[M].北京：商务印书馆，2022.
[4] 李强，张海辉.城市外来人口两大社会群体的差别及其管理对策[J].学海，2004(02)：59-63.

第六章

上海市非正规就业群体的工作地与居住地关系

工作地与居住地关系的研究越来越受到地理学者的关注,我国有些学者主要是广州中山大学的青年学者周素红以广州为案例,分析了广州市居住就业空间均衡性、宏观空间组织模式和不同片区的居住就业中微观空间组织模式等,并从历史因素、政府因素、市场因素和社会因素等角度揭示了广州"自上而下"和"自下而上"两种力量共同作用下,居住就业空间格局的演化过程和规律。论文倡导多元化的土地开发模式,提倡从居住与就业空间协调的角度调节交通需求的空间分布,进而优化城市空间结构,达到提高城市运作效率的目的,并试图在研究视角上为国内其他城市的同类研究提供借鉴。[1]

本研究的视角有所不同,如果说周素红侧重于从城市规划、城市土地合理利用的视角研究已实现居住就业空间的协调,面向的对象是全体市民;本书则是以上海市为案例,通过对外来非正规就业群体的就业空间与居住空间关系的分析与透视,把研究视角定位于对社会弱势群体的关注。我国目前尚未开展对该领域的研究,更没有形成该研究较为成熟的理论体系和研究方法。国外关于居住地与工作地关系研究的最典型的理论就是美国的"空间不匹配"假说,经过几十年的发展,该假说经过了论证、应用到拓展的发展阶段,理论体系逐步趋于成熟,方法体系日臻完善。

第一节 美国"空间不匹配"假说研究综述

一、假说的提出：Kain 的贡献

近年来，美国经济学和城市空间经济学的研究越来越重视种族对居住市场和劳动力市场机会的影响。John Kain 一直关注城市的弱势群体，其学术贡献在于不仅发展了城市经济学，更为重要的是，他拉开了种族机会地理研究的序幕。Kain 于 1968 年在经济季刊上的《居住隔离、黑人就业，以及大城市离散化》的文章中提出了著名的"空间不匹配"假说（Spatial Mismatch Hypothesis，简写 SMH）。假说认为，工作的郊区化和住房市场的种族隔离共同作用，促使黑人集聚的中心城区（Downtown）产生的就业机会少，劳动力相对过剩。

他提出居住隔离的模型主要包含四个影响因子：

第一，隔离使黑人在居住市场上需投入更多的租金，更无力进行购房消费。

第二，黑人居住地远离郊区白人集聚地，间接证据表明黑人的通勤距离有增加的趋势。

第三，连带效应，即由于居住的隔离使黑人雇员与白人雇主之间的距离影响黑人劳动力市场的结果。

第四，就业的离散化加重了空间不匹配问题的严重性。

Kain 从社会学视角，不仅研究了种族的居住隔离与就业机会的问题，还研究了人们居住选择倾向问题。其研究存在的问题是：在隔离影响黑人的原因分析上缺乏全面性、准确性，即黑人居住离工作地并不一定比白人远。

二、20 世纪"空间不匹配"研究概况

1992 年，美国的"住房政策论坛"出版了 John Kain 的空间不匹配研究的

成果综述。

20世纪80年代后半期人们目睹了研究SMH兴趣的复兴：工作的郊区化和黑人居住选择的严重局限共同作用产生了在黑人集聚的内城区，工人相对社区工作数量的过剩。这种状况导致了黑人失业、低工资和更长的通勤时间。[2]

如果该假设是正确的话，SMH对于现在的福利改革具有重要的影响，即工作福利计划的成功取决于改善福利接受人员获取郊区工作的途径。

90年代的早期，出版了6篇关于SMH研究的述评。1篇对假说持否定态度，另外5篇都肯定或部分肯定了该假说。持否定态度的学者认为：如果距工作地远导致黑人就业机会少，是不是距工作地近就增加了黑人的就业机会？答案并不尽然，因此，依此进行的政策分析缺乏可靠性。

此后，由于数据和方法更为合理、科学，大量研究为假说提供了更为可靠的证据。当然也有一些研究，由于方法错误等导致了对假说的否定。

经过单纯的验证假说的正确性之后，学者逐渐开始对影响SMH长期存在的因素进行研究，以便为改善黑人群体的就业机会提供有益的政策建议。

20世纪是国外SMH研究的重要时期，研究主要集中在四个方面：SMH的历史演变、研究方法的优缺点、限制内城区黑人工人到郊区工作的主要障碍、SMH对福利改革的影响。

(一) SMH的历史演变

SMH认为：同白人相比，在黑人区附近工人的工作机会更少。

SMH存在的前提是：(1) 对于劳动力的需求，已经从黑人集聚的社区转移到高就业增长的郊区；(2) 住房和抵押贷款市场的种族歧视阻止了黑人迁移到就业增长比较快的地区；(3) 种族歧视、就业信息不对称、公共交通有限等，限制了黑人到就业机会多的地区工作。

虽然SMH的初始概念是针对内城区的弱势种族存在工作机会减少的状况，而Orfield提出一些郊区内的工人同样面临着和中心城一样的问题。[3]而且，如其他学者探讨的，空间不匹配仅仅是变化着的大城市就业机会地理

的一个方面。[4-5]

对 SMH 的研究兴起一段时间后,美国经济面临通货膨胀的加倍、生产力的降低、收入增长的缓慢等诸多问题,低迷的经济成为关注的焦点,和种族问题密切相关的 SMH 研究一度走向低谷。

20 世纪 80 年代,一些因素综合作用促使 SMH 研究的复兴。如有学者提出工作离散化是下层阶级队伍扩大的一个因素。[6-8] 对 SMH 研究已经从弱势群体是否可以在可及的范围内有足够的工作,转移到福利改革下的劳动力市场研究。[9-13]

(二) 研究方法

主要有四种比较成熟的方法用于验证 SMH 假说:(1) 通勤时间或距离的种族对比;(2) 工资、就业或劳动力参与率与工作可达性的关系;(3) 中心城区和郊区居民的劳动力市场输出的对比;(4) 劳动力市场坚固度的对比。

1. 通勤行为的种族对比

SMH 认为,由于工作的郊区化以及郊区住房市场的种族歧视,使黑人不能迁移到郊区,其工作可达性较差,通勤时间更长。然而,通勤时间的种族对比,并不能完全支持 SMH 假说。

在同等收入和采用相同交通工具的情况下,黑人和白人通勤时间或距离的差异并不足以证明 SMH 的正确。原因在于:黑人在住房市场上存在着种族歧视,使其居住选择更为被动,而白人则更具主动性,他们以增加通勤时间为代价,为了更好的居住环境,白人可能选择距离工作地更远的地方居住。[14]

对黑人通勤距离的不同年份的对比,也没有可靠的证据表明 SMH 假说提出后的相当长一段时间后,即若干年后其通勤距离明显增加。[15-17]

总之,黑人通勤在一定的观察时期内并未显示出明显增加的迹象。

2. 工作可达性的测度

验证 SMH 的另一个方法是:将个人劳动力市场的情况和其可获取工作

的地理邻近度相关联。工作可达性是每个工人拥有的附近闲置工作岗位(而不是工作岗位)的数量,可达性越强,就业机会越多。如果发现工作可达性影响就业,以及黑人比白人有更差的工作可达性,那么居住隔离会导致就业率上的部分种族差异。该方法存在诸多问题,如对概念的理解偏差,测度了工作岗位的数量而非闲置工作岗位数量带来的结果偏差;影响工作可达性的因素较多,如受教育程度,工作技能等,但实际研究中经常出现考虑的变量不全进而导致结果偏差。[18-19]

3. 中心城区和郊区居民的对比

这种对比是基于下面的论点：如果居住隔离使黑人在劳动力市场上有明显的障碍,那么居住在郊区的黑人同居住在中心城区的黑人相比,具有明显的优势。该方法存在两个潜在的问题。首先,居住选择是内在因素。尽管居住在郊区工作可达性好,但是有工作的人和收入较高的人更倾向于自主选择一个偏远的住处。其次,将居住位置简单划分为中心城区和郊区,没有考虑内部工作可达性的差异。而实际上不论是中心城区还是郊区,内部工作可达性都是高度异质的。[20-24]以郊区为例,在就业机会上,同远郊相比,一些近的老郊区更像中心城区。

4. 劳动力市场坚固度的内部对比

SMH 认为,工作地点从中心城区向外的迁移和居住歧视,导致在中心城区弱势种族社区的空间劣势;中心城区有更少的工作职位和低工作空缺率。相反,郊区由于劳动力需求超过供给,工作职位相对增加。在中心城区,由于工作紧缺,弱势种族社区的老板不断降低工人工资,而郊区(白人社区)老板则会增加工人工资应对劳动力不足的状况。SMH 因此意味着在受其影响的社区,低工作空缺率或低工资的劳动力市场成为一种"坚固"的状态。[25-27]

三、空间不匹配的长期性

Ihlanfeldt 和 Young 使用亚特兰大的快餐店的样本数据调查中心城区

和郊区黑人就业空间分布的基本因素。[28]设计了一个快餐店劳动力的种族结构的模型,这个模型包括以下解释变量:白人顾客的百分比,经理的种族,快餐店是否在一个公交站步行距离范围内,距离CBD中心的英里数(代替距离黑人居住地的距离),主要的从属关系,以及单位是总经销商拥有的还是公司拥有的。这些变量,可以解释郊区黑人工作的低占有率,研究发现交通是最重要的影响因子。黑人在中心城区与郊区的就业差异的解释35%是由郊区工厂位于一站公交站步行距离范围之外的趋向引起的,其他影响差异的重要的贡献因子有距CBD中心的距离(33%),经理的种族(15%),白人顾客的百分比(14%)。这些结果表明,郊区工作地物理可达性差,以及劳动力市场歧视都是妨碍黑人找到郊区工作的主要障碍。

波士顿、亚特兰大、洛杉矶和底特律的雇主的样本数量比较多(大约每个城市800个样本)并且具有很强的代表性。基于这些样本,学者调查了解释雇主工作场所种族结构的因子。[29]研究结果表明,一定因子在解释黑人郊区工作占有的低概率上起到重要的作用,这些因子包括郊区雇主位于公交站一站步行距离以外的总体趋势,较多的白人顾客和业主,以及远离黑人集聚的居住区。

Ihlanfeldt为黑人在郊区工作信息的局限性,说明SMH现象将长期存在。[30]作为亚特兰大MCSUI家庭调查的一部分,让被调查者看一幅地图以识别出亚特兰大区域内6个主要的工作中心,并且让那些没有接受过大学教育的人说出哪一个工作中心有最少的和最多的就业机会或就业空缺。使用MCSUI雇主调查的工作空缺数据和其他数据,Ihlanfeldt能够在受教育少的工人可获取的工作基础上较准确地将工作中心排序。研究发现,不论是黑人还是白人被调查者,都缺乏工作空缺的空间分布知识。

妨碍黑人获取郊区工作的另一个潜在的障碍是:在白人居住区内他们很难找到工作,因为他们相信他们不被社会接受。Sjoquis使用亚特兰大MCSUI家庭调查数据来调查这个假设。同样对上述6个工作中心,让调查者估计就业机会的数量,问他们在每一个区内是否找工作;问他们是否想过如果一个黑人搬进这个区的话,这个区的居民是否会反对。Sjoquist 假定如果被调查者认为黑人搬进某一个区,居民会反对,那么被调查者就会相信那个社区的工作职位将不会欢迎黑人的应聘。[31] 为了验证他的假设,Sjoquist 把他的样本限制在高中或低于高中文化、在过去的一年里找工作的黑人。对表示被调查者是否在一个区域范围内找工作的一个 0,1 变量进行回归。该回归是在被调查者对该区域对黑人的社会接受程度的感知、被调查者的家距该区域的距离、对该区就业机会数量的估计和其他一些变量的基础上进行的。分别对 6 个区域中的每个区域进行了回归估计。在所有 6 个方程中,由于正确指标的使用,结果是社会接受度的量算是高度显著的,充分印证了假设。Turner 的定性研究也为空间不匹配的长期存在提供了证据。Turner 应用底特律样本,进行 6 个与研究匹配的郊区工厂的雇用和招聘方法的比较。工厂招收本地员工通过在窗户上放置招牌、口头宣传,或者在郊区报纸上打广告的方式,几乎招不到黑人的应聘者。相反,在底特律市区的报纸上打广告的工厂可以收到一些黑人的应聘申请。后来,她了解到白人工厂只在当地招收员工。为了保证招收白人,雇主们会故意使用一些非正规的招聘办法。虽然 Turner 的样本规模比较小,结论的可信度不高,但是种族偏见在雇主招聘策略的选择上的体现还是显而易见的。由于其定性研究的不足,后续还需要进行进一步的量化研究。

四、对 SMH 文献的总体评价

自从 Kain1992 年发表了他的 SMH 的述评到现在,对 SMH 的研究结果大约有 3/4 支持 SMH 假设,1/4 否定这个假设,没有足够的理由说明居住位置的内生性[32-35];或者使用基于就业水平的工作可达性的量算,也许与每个工人拥有的附近的工作空缺数量不相关[36-37]。因此,我们相信,在空间不匹配理论假设的基础上,为解决弱势群体由于空间不匹配带来的困难,制定相关的政策是可行的。

在支持 SMH 一些研究中,存在的问题主要有:作为少数民族工人的低就业和收入的一个决定性因子,工作可达性的重要性没有被充分的说明。[38-40]对个体获取工作的邻近度任何精度的量算都是一个非常艰巨的挑战。因此,对SMH的验证往往以经验调查为主。

最近SMH研究得出了另两个结论:第一,空间不匹配的重要性在不同的城市区域有所不同。在高居住隔离和交通条件差的地区,空间不匹配对解释内城区穷人的劳动力市场问题有重要的作用。另外,Weinberg的研究结果认为,空间不匹配也许是一个大城市特有的问题。[41]第二,证明空间不匹配长期存在的证据表明,是多阻碍因素的组合,而不是单一因素妨碍了黑人到郊区工作。这些障碍包括郊区工作机会信息的缺乏、黑人主观上由于担心不被社会接受而不愿在白人区找工作、郊区雇主对黑人的雇用歧视,以及从内城区到郊区的公共交通很差等。与其持续进行空间不匹配是否长期存在的调查研究,还不如进行其产生根本原因的探究,这样可以为有关政策的制定提供依据。

五、SMH对福利改革的政策影响

对SMH的研究清楚地表明:对工作地点的地理上可达的缺乏是解释劳动力市场状况的一个重要因子,并且,这些研究的发现已经对福利改革产生重要的影响。基于20世纪80年代末期和90年代初期对支持SMH的研究积累,提出最多的政策建议是改进低技能工人从内城区到郊区工作地的通勤条件。

第一,经验结果表明,空间不匹配的作用在不同的城市不同,特别是对于那些较小的城市,作用并不显著。如果空间不匹配是大城市特有的问题,都应设计通勤规划和其他规划,以减轻空间不匹配现象。同时,空间不匹配的严重程度对具体规划的制订是非常重要的。

第二,空间不匹配的研究仅仅揭示了可达性问题,没有明确形成可达性差的原因。可达性差也许由通勤困难、远距离处工作信息的缺乏、郊区工厂的工作歧视,或者弱势种族的郊区工作接受度的较低所致。因此,仅仅用通勤规划来解决可达性问题是片面的。

第三,当历时相当长一段时间证实 SMH 解释了内城区弱势种族的就业问题时,城市结构已发生了明显的改变,阶级的种族隔离已非常严重,[42]以致空间不匹配更适用于不论种族的居住在中心城区之外的所有的低技能的工人。这样,寻求解决空间不匹配问题的政策和规划,需要确定整个弱势群体的人口数量,而不仅仅是内城区的少数种族的人口数量。

第四,依然还不确定的是可达性是否对所有低技能的人都是一个重要的问题。近期对 SMH 开展研究的研究对象多是成年人,而早期的研究则局限于对年轻人的分析。对于年轻人群体来说,空间不匹配起到决定性作用。对于成年人,也发现空间不匹配是有作用的,但是在考虑作用的大小,男性和女性之间的性别差异方面还不太确切。

第五,尽管空间不匹配在解释少数种族低技能工人的低就业率和低工资的时候,起到重要的作用,但是即便是在高度种族隔离、已经历实质性的工作离散化的大城市区域,把这些问题都归因于空间不匹配也是错误的。

除了基本的政策倾向,即改进低技能工人从内城区到郊区工作地的通勤条件外,还存在其他一些基于空间不匹配制定的政策,可归为三类:(1)把工作地点移到距工人更近的地方(内城区发展战略);(2)把人迁移到距工作地较近的地方(废除种族歧视战略);(3)以及使工人到现在的工作地更容易,即交通更方便(灵活发展战略)。

一篇文献讨论了每一个战略的积极和消极作用,相关政策的争论已酝酿和盛行了 25 年。Ihlanfeldt 认为:三种发展战略中,具体政策作用的诸多不确定性依然持续存在,最近的实证研究,逐步减少了这种不确定性[如"工作之桥"和"移到就业机会计划"(美国房屋和城市发展部)]。在围绕福利改革的争论中,灵活性战略已成为关注的最大焦点,其原因在于短期内,该战略是最经济、最可行的一种途径。

如何开展实施灵活战略,学者提供了几种途径。首先,需要确定空间不匹配是否有助于解释低教育程度工人的就业问题。最可行的办法是调查区域内的所有公司,以获取低技能工人的初始工资和工作空缺的空间分布的信息。因此,经理报道的初始工资的变化很可能反映了不同城区间的劳动力市场坚固度的差异而不是所需技能的差异。1989年,学者在亚特兰大开展两次调查,[43-44]都发现工资的空间变化与空间不匹配的其他指标高度相关。

另一种途径是对不同城区间的低技能就业增长进行比较。同黑人或低收入区相比,白人或高收入区体现了空间不匹配,特别是在高隔离(种族或阶级)的区域更为明显。可通过两个步骤估计基于ZIP编码水平的低技能就业增长。首先,使用州水平的失业补偿记录,即通常所说的ES202数据,在每一个ZIP邮政编码区内研究行业的就业变化。[45]其次,通过对每一个城市区域的PUMS的计算得到职业/行业矩阵,行业的就业变化就转变为职业的就业变化。

在一个特定的城区内,对空间不匹配长期存在的影响因子进行相对重要性评价,也许对福利改革者来说是一个非常重大的研究事业。然而,应用地理信息系统技术,绘制弱势群体的居住位置、就业机会等专题地图,研制公共交通系统,是一项尚需开展的基本任务。应用地理信息技术很容易发现什么地方的弱势人员居住在与就业机会有关的地方,以及通过公共交通这些人可以得到这些就业机会的程度。在评价对弱势群体进行交通服务设施更大投资的需求上,这些信息的价值难以估量。除了提供基于地理信息技术的服务外,规划人员还必须考虑内城区工人的专门需求,否则让内城区工人到郊区去工作,仅凭一个公交系统是不解决问题的。研究发现即便是不存在可达性问题(如对相对高技能的白人女性),对于有小孩的妇女来说,照顾孩子也限制了妇女的通勤范围。[46]

一些政策制定者通过检索SMH文献得出:内城区低技能的工人会计算公共交通可及的一切距离。然而,存在不同个体为特定工资而选择最远通勤距离(或时间)的差异,对于某些人他们接受的通勤时间也许是10分钟,而另外一些人则可能是两个小时。但是,距离越远,选择通勤的工人将会越少。学者们发现,如果工作变得更郊区化,通勤的距离并没有增加,这表明通勤距离存在一个上限。[47]另外，Forlaw 通过在 St. Louis 的工作之桥的项目研究发现：寻找低收入工作的人只有付给他相对高一些的工资（11 或 12 美元/小时），他才会忍受一个小时的通勤时间。[48]

与灵活战略不同的做法是让传统的郊区有大量可以雇用黑人等弱势种族的工作。对 SMH 新近的研究表明，发现这些工作的空间分布至关重要。Fainstein 和 Fainstein 认为，对内城区黑人就业的关键是在郊区给他们提供一个工作，这个工作的工资足以让他们支付个人汽车的开支。[49]

郊区雇用歧视也许是由雇主或顾客的偏见引起的，对这个问题的研究，作为灵活战略的一部分，也许是最大的挑战。对于改变雇主态度或加强平等就业机会（EEO）法规的建设，现在还没有一个快速易行的解决方案。Holzer 提出了一个政策建议：郊区工厂强制执行 EEO。[50]

除了纯粹的种族偏见，对于内城区工人的歧视主要是因为他们是城市的贫困者。当郊区雇主把住址、中心城地址，或子女在公立学校的人数等低层次工人的标志集中在一起，就产生了一种统计上的歧视，Rosenbaum 对这些证据进行了评论。[51] Wilson 提出了一个解决这个问题的途径，即确保建立一个为内城区工人服务的非营利性质的就业信息和就业介绍中心。

为了发展灵活战略，区别少数种族可能遭遇的歧视与实际的歧视也很重要。由于劳动力不足引起的郊区雇主招不到工人，以往研究估计到的歧视不再是主要障碍，这样可能降低他们在曾经遭遇歧视的地方找工作的不情愿性。

研究表明，工作信息的缺乏是内城区低技能工人不能获得郊区工作的一个原因。因为信息分发相对是比较便宜的，可把它作为一个政策提出来。但是依然存在着郊区雇主对就业空缺不广泛做广告的现象。如果工作机会不能广而告之，即使是最好的社会福利工作者，也不能让弱势群体获取招聘信息。提高就业信息流动的方法包括：鼓励郊区企业在方便的中心地带（如火车站）举行就业洽谈会，一些社会团体已开发了就业信息系统，鼓励正在郊区工作的内城区居民在他们的社区张贴招聘信息。

还有一种方法是：让一个非营利性质的公司运作一个临时的就业机构，主要面向郊区雇主和内城区雇员。临时把内城区工人放在郊区工作，可以让雇主筛选雇员，同时也让雇员对他们做的工作有一个了解。记录这些雇员的经验，以便了解对他们不利的工作环境，考虑是改变这些不利环境还是消除不利环境。

灵活战略仅仅是解决内城区低技能工人的就业问题的一系列政策之一。Summers指出，对使用"单一发展"策略帮助低技能工人，这在公共政策中是最大的缺点。[52]更综合来看，需要多渠道的政策。虽然，即使是在灵活战略中也需要多渠道途径，而不是简单地把中心城区的公交车开到郊区工作地。总之，灵活战略实际上是一个短期政策。消除住房和工作歧视以及大力提高弱势种族工人的工作技能，对于大城市内不平等的地理机会才是一个长期有效的解决办法。

六、研究结论及启示

通过对"空间不匹配"理论的相关研究进行总结，可以得出"空间不匹配"理论的研究发展有如下特点：

（一）研究对象在不断扩大

从最初对黑人整体的研究，到开始关注性别差异的研究，再到进一步探讨不同年龄段的差异研究。这表明研究范围在不断拓宽，对不同群体的关注度也在不断增加。

（二）研究领域不断拓展

就业率、失业率、工作可达性等成为研究的重点领域。这些领域的研究对于了解一个群体的经济状况和社会地位具有重要意义。

（三）研究方法逐渐深入

从多元回归到逻辑回归，再到结构公式模拟，这些方法的应用表明研究在不断深入，对数据的处理和分析也更加复杂和精细。研究者使用的统计方法越来越复杂，能够更好地揭示数据背后的规律和联系。

(四) 研究因子更加丰富

变量的细分化,内生和外生因子的考虑,以及因子的不断增加,例如私家汽车、教育、家庭规模、工作可达性等,使得研究更加全面和细致。另外,在研究理论的过程中,Kain 对经济学、地理学做出了突出的贡献,例如他通过将经济学研究推向微观层面,强调种族和空间因素在经济发展中的作用;同时,他也将地理学研究引向种族地理方向,为种族地理学的发展做出了重要贡献。关于"空间不匹配"研究的数据来源多为人口普查数据。这些数据可以提供大量关于不同群体的信息,包括人口数量、年龄分布、性别比例、就业情况等。通过分析这些数据,研究者可以更好地了解不同群体的特征和需求。

第二节 上海市非正规就业空间与居住空间关系

一、研究的必要性

由于整个社会的经济政治等处于转型时期,转型带来的产业结构调整、产业空间布局变化,对企业产生巨大影响,因此就业和居住都面临着巨大的变化,城市空间结构发生变化。在城市用地类型中,居住用地和工业、商业用地占大比例。居住商品化的效应是通过筛选和过滤机制,居住空间格局发生很大变化,居住重组。强势群体的控制能力强,可用资源多,居住和就业的主动选择能力强,空间对其约束限制能力差(政府宏观调控、富有阶层可以塑造城市社会空间,主动性强,对城市社会空间的控制、影响程度大)。上海非正规就业规模在国内排在前列,该群体就业和居住空间关系的研究具有代表性。

二、宏观上就业与居住区位关系分析

上海白领阶层,居住郊区化,就业在中心城区的商业、金融贸易中心,经济条件决定的居住条件选择的内生因素起主导作用;私家轿车成为主要的交通工具。普通工薪阶层:一种情况是居住在原有的单位公房或老公房中,位于城市的中心城区,虽房子较为陈旧,但地理位置优越,交通便捷,即居住与工作地点较近;另一种情况是,内环线以内、内中环之间、中外环线之间、外环线以外是房价的几个典型的环形分区,房价呈现出由中心城区向外逐渐降低的特点,一些较年轻的工薪阶层由于经济实力的限制,将住房购买在房价相对便宜的郊区,通过乘坐地铁、公交等交通工具实现通勤。

而外来非正规就业群体其居住条件选择的外生因素居主导,更多是被动选择。

三、中观上以闵行区街道(镇)为单元的分析

（一）居住和就业在同一街道(镇)为主导

87.3%的被调查者在被调查的街镇工作,即居住和就业地点是在街镇层面上是一致的。居住和就业区位的高度一致,是外来非正规就业群体进入城市降低生活成本的主动和被动选择;被调查者大多在离居住地很近的地方工作,还有一部分人员,住房兼作生产经营用房,白天工作的地方就是晚上睡觉的地方,这种现象屡见不鲜。经常发现一间房子,上面有夹层或所谓的简易阁楼,下面就是干洗、销售装修材料等工作用地空间。在调查中,这种情况有274人次,所占比例为12.8%。

（二）居住和就业不在同一街道(镇)的,以徐汇区和闵行区其他街镇就业为主

调查表明,有12.7%的人员居住在本街道(镇),但不在本街道(镇)就业。其中,在徐汇区就业的最多,为106人,占38.8%。徐汇区从地理位置上是闵行区的近邻,也是经济发展比较快的一个区,对于外来人口有需求的空间,但是由于其地理位置具有优越性,属于中心城区,而闵行区是城郊结合区,因此徐汇区的生活成本高于闵行区,特别体现在住房上,不论是购房还是租房,两个区的房价差异明显。以2005年10月28日至11月3日上海市商品房市场成交情况

为例,这期间闵行区成交均价为 5 625 元/平方米,而徐汇区的成交均价为 13 849 元/平方米,可见差异之大。到 2022 年,上海市新建住宅销售均价 44 430 元/平方米。从区域均价看:内环线以内 119 244 元/平方米,内外环线之间 69 537 元/平方米,外环线以外 33 533 元/平方米。因此,有一些在徐汇工作的外来人员,选择了在闵行居住。通过进一步对在徐汇区工作的外来人员进行分析,发现其职业类型和月均收入与闵行区总体的调查统计差别不显著,也说明对于外来非正规就业群体居住位置虽有差异,但总体就业状况差别不大。对在闵行区其他街道工作的外来人员进行统计,莘庄镇最多,占 44.3%;其次是七宝镇,占 15.5%。虽然闵行是经济迅速发展的一个区,但其内部差异依然比较明显。莘庄镇和七宝镇都是闵行区经济活动非常活跃的两个镇。住宅盖在交通便利、商业服务设施等健全、新建商品房较多的两个街镇,房价相对老闵行高,因此,出现一些外来人员在这两个街镇工作,但不在这里居住的情况。

(三) 基于通勤的就业地和居住地关系研究

通勤工具、通勤时间是反映通勤特征的两个主要指标,前者是定性指标,后者是定量指标。通勤工具是通勤的载体,反映通勤距离制约通勤时间,在一定程度上决定通勤基本特征,而通勤时间影响通勤工具的选择。

1. 通勤方式以短距离交通工具为主

通勤方式,即从居住地到工作地之间的交通方式。是进行通勤研究的定性指标。近年来,很多地理学者进行该领域的研究。从通勤方式柱状图上看,有三种通勤方式居主导:步行比例最高,为 34.6%;自行车其次比例为 33.9%;住在工作地的比例居第三位,为 16.6%。

2. 总体通勤时间短

通勤时间是进行通勤研究的定量指标。通勤时间这项调查上,63.1%的人为不到 15 分钟的时间。按通勤时间估算样本的均值为 17 分钟,而对上海"浦东新区人口变动追踪调查"的通勤行为样本 861 人的统计表明,其平均通勤时间为 34.73 分钟,[53]说明总体上居住地和就业地距离较近。从工作搜寻的角度看,被调查者对于距居住地较远地区的信息缺乏,找到远距离工作的概率低。

图 6-1　通勤方式频数图

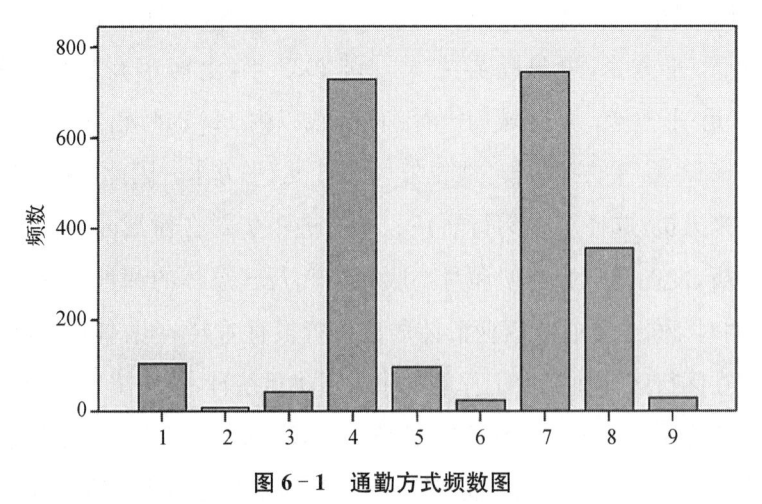

注：1. 公共汽车；2. 轨道交通；3. 公共汽车+轨道交通；4. 自行车；5. 摩托车、助动车；6. 小汽车(包括出租车)；7. 步行；8. 住在工作地；9. 其他。

表 6-1　通 勤 时 间

		频 率	百分比	有效百分比
1	不到 15 分钟	1 327	61.9	63.1
2	15—29 分钟	427	19.9	20.3
3	30—44 分钟	215	10.0	10.2
4	45—59 分钟	61	2.8	2.9
5	60 分钟以上	72	3.4	3.4
	总　　计	2 102	98.0	100.0

3. 通勤时间男性多于女性

在通勤方式的选择上，公共汽车、轨道交通、公共汽车加轨道交通、自行车、摩托车、小汽车男性都高于女性，通勤时间的对比：通勤时间在半小时以内的女性比例高于男性，而通勤时间半小时以上，则呈现出男性比例高过女性。与通勤工具揭示的特点是一致的。交通工具的选择，通勤时间的差异，都反映了通勤距离男性要比女性远。通勤距离(或时间)随着收入的增加而增加，[54]也说明男性的收入高于女性。如果考虑到通勤距离与就业机会的关系,距离越远,就业机会相对越多,由于家庭的经济压力,男性为了获得更高的收入,到更远的地方工作。女性中有 40.7%的人是步行上下班,远远高于男性 28.2%的比例,高出 12.5 个百分点,住在工作地的比例女性也比男性略高,都反映了女性工作地点距离居住地更近,说明女性寻求职业时考虑照顾家庭等因素,一般就近工作。

表 6-2 通勤方式性别对比(%)

	男性	女性
公共汽车	6.1	3.8
轨道交通	0.5	0.2
公共汽车+轨道交通	2.7	1.3
自行车	35.8	32.8
摩托车、助动车	6.5	2.8
小汽车(包括出租车)	1.6	0.7
步行	28.2	40.7
住在工作地	16.0	17.5
其他	2.6	0.3
总计	100.0	100.0

表 6-3 通勤时间性别对比(%)

		性别	
		男	女
不到 15 分	数量	584	743
	比例	60.4	65.5
15—29 分钟	数量	167	259
	比例	17.3	22.8
30—44 分钟	数量	121	94
	比例	12.5	8.3

续 表

		性	别
		男	女
45—59 分钟	数量	45	16
	比例	4.7	1.4
60 分钟以上	数量	50	22
	比例	5.2	1.9

4. 通勤时间越长，往往收入越高

总体上来看，统计分析表明收入随着通勤时间的增加而增加。

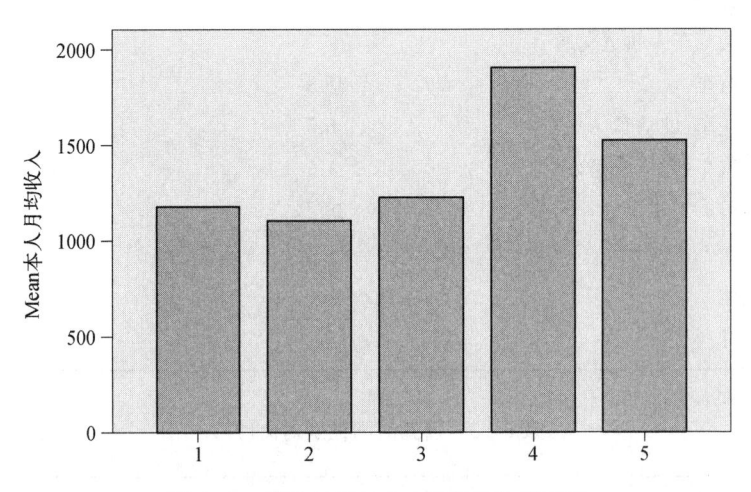

图 6-2 通勤时间与本人月均收入关系图

注：1. 不到 15 分钟；2. 15—29 分钟；3. 30—44 分钟；4. 45—59 分钟；5. 60 分钟以上。

四、微观上非正规就业空间与居住空间的高度耦合

以闵行区九星综合市场为例。九星综合市场位于闵行区七宝镇九星村，占地面积 123 万平方米，建筑面积近 80 万平方米，营业用房达上万间，进驻商家全国 9 000 多户、1.8 万多名经商务工人员。九星市场作为上海最大的综合性市场于 2017 年 2 月 17 日正式谢幕，引发众多家居人为之唏嘘。下面

基于前期正常运营期间的实地调查,开展相关分析。

(一)就业与当地居民的差异

1. 工作关系

血缘、亲缘为主,就业以家族式经营为特点。来源地以浙江和福建为多,浙江多以经营五金类产品为特点,而福建则以茶叶和木材加工为主。

2. 职业类型

经营分类有五金、灯饰、陶瓷、石材、钢材、汽配、电器、茶叶、窗帘、家具、玻璃、胶合板、防盗门、不锈钢、PVC管材、名贵木材、油漆涂料、酒店用品、文具礼品等二十大类,按专业分市场区,对于在九星综合市场经营的外来人员来说,从商业视角看,每一经营市场分区内经营的同质性很强,因为九星市场商业布局的模式是分区、分片进行运作的,如有五金区、木材区、灯饰区等,商品的同质性集聚,就业的空间集聚效应明显,可以满足顾客选择消费的需要,也可以满足顾客一次性购物和大量购物的需要。[55]对于经营者来说,集聚可以扩大经济效益,可以开拓更大的市场,也提高市场的知名度,但是不能否认的是,这种集聚造成商业空间竞争激烈,使得经营者的压力非常大。在管理上,九星综合市场按地域范围划分为九个管理区,如牛头浜管理区、姚家浜管理区、高家湾管理区等,每个管理区会涉及几个市场区的管理。市场化运作特点明显,缺乏对人的管理,一切以市场为杠杆,对发展市场有利的就做,与发展市场无关的统统不管,消防队、派出所、银行一应俱全。

3. 稳定性:不稳定与稳定

外来非正规就业人口流动变化性强。在经营用房的租赁方式上是以年为单元进行租赁的,因此,基本是以年为单位的流动。春节过后,外来经营的人员会有变动。一种情况是,生意比较好,要进一步发展,把家乡的亲朋带过来一起发展,或由于自身经营较好,带动其他亲人朋友也来做生意;另一种情况是,在市场竞争下处于劣势被淘汰,春节后继续留在家乡,没有返回上海。而九星村的村民工作是非常稳定的。存在这样一个说法:九星村村民不存在没有工作的人。全部劳动适龄人口都在业,他们主要的工作就是管理好这个市场,有负责质量监督的,确保尽量少伪劣产品的销售;有负责交通的,保障交通的畅通;有负责市场安全的,保障安定团结的局面;有负责消防安全的,预防火灾的发生。九星市场的有序,并不是外来经营人员自己管理的,而是本地的村民在尽心尽力地维护市场。当然,他们维护的目的性很强,维护管理的范围绝对是和市场收益高度相关的,至于外来人员在这里的生活状况、居住的卫生状况、医疗状况、子女的教育状况等是无人问津的。

(二) 经济收益与当地居民的差异

外来经营者在九星批发市场,总体来说,有一些经营者是赢家,还有一些是失败的,是输家,即便是那些赢家,也呈现出并不稳定的状况,有时候收益大,有时候收益小,有时候甚至是负收益,反映了市场竞争的特点,反映了他们就业状况的不稳定性。前几年,上海房地产市场迅猛发展,给以经营建材为主的九星市场带来了前所未有的发展机遇,经营收益比较好,而自从2005年,房地产市场出现了不景气的局面,无疑对九星市场的外来经营者是不小的打击。当然相比于那些保姆、钟点工、在饭店里做小工的人来说,他们的收入要高得多,但是从整体上与当地村民比,村民则是百分之百的赢家。

(三) 工作地与当地居民的差异

外来经营人员的店面大小不等,装修程度也不等,有的很豪华,有的则比较简陋,一方面是因经营品种不同,如经营灯饰品的店往往比经营五金用品的等要装饰的好;另一方面,同是经营灯具,差异也很大,或多或少反映出老板在上海的经营状况。而管理部门则是以"九星实业公司"为名,占地很大,非常开阔的一块封闭空间,建筑由三部分构成,正中央的一幢独立的大楼是公司,门口两侧分别由两排二层楼高的建筑,一面是居委会,而另一面是市场管理对外服务部门,这两个建筑都在外面有楼梯可进入;而进入公司,则必须要进行登记,门口有穿戴整齐的门卫,门口正对的是双龙戏珠的石饰,外观的感觉很是气派,在这种气派面前,多数人会感觉自身的渺小。从正门穿过一个小广场,才是公司主楼。进入到公司所在的建筑,里面更是富丽堂皇,笔者深深地感受到了装修的奢华与张扬。在寒冷的冬季,办公室空调开着,门也开着。里面的工作人员,实际上大多都是原九星村有些文化的村民。文化稍低的,要么在居委会工作,要么在市场工作。

(四) 居住地与当地居民的差异

对于大多外来人员来讲,经营用房兼作居住用房,居住条件不是很理想;经营得非常好的大老板,他们一般已经在上海买了房子,但毕竟数量不是很多;中老板和小老板较多,他们都居住在店面的上面——二楼,房屋结构比较简单。对外营业的街面上,都稍做装修,商业特征明显,而门面背后则看到的是弄堂,有些乱,前后对比明显。而那些装修非常豪华的店面,基本是独立一体的,这意味着它们经营得比较好,老板可能不居住在九星市场内。九星村,是"正在消失的村庄",村民把自己的土地租赁用于市场经营,而依靠租金,他们建起了自己的小区,物业管理等都比较便宜,还有的就在距离九星市场不远的地方,购买了商品房。

(五) 子女教育

大多老板都是举家经营的,一般子女也在上海,面临着教育的问题,附近的平吉小学,在本地人看来属于不太好的小学,但它毕竟是上海的一所公立学校,相比民工学校要好得多,所以很多小老板子女就在那里就读,有些经济条件更好的,则在附近一所私立学校"日新实验学校"就读。

可见,九星综合市场是以就业为先导的居住——就业空间组织模式;相对当地的村民而言,外来非正规就业人员依然在某些方面处于弱势地位,感受一些剥夺,如经济剥夺等;外来非正规就业人员内部存在着收入、职业的进一步分化。2017年,九星市场的落幕使得大多数九星市场的非正规就业人员进行搬迁,基本是由城郊接合部向郊区方向移动。比如说,原九星市场内的商户,一部分搬往青浦华新镇杨家村,在那里初步形成了一个"小九星"。同时,另有一大批商户转往金山枫泾建材市场、金山国贸城;还有不少商户则把眼光投向了嘉定地区,比如嘉定方泰五金城、沪宁国际建材城、嘉定外岗上海五金城等。

九星市场当年是一个以建材为主的市场,这个地方在很多年发展过程中也是"吃定了中国的人口红利",由于人口比多,因此薄利多销的模式非常好用。而如今上海市的人口增量已经比较少,未来的九星市场,显然不会是当年的发展模式。新九星的转型升级将按照全品类、全档次、全客层及全渠道的发展战略,以九星家居建材为主题,打造家居建材全产业链。业态配比为60%家居建材、20%进口商品、10%泛生活体验、5%总部经济、5%配套服务,引入总部经济、城市规划、建筑家装设计、装饰装潢协会等家居建材上下游产业,不断补充完善家庭儿童、新零售、玩体验等新配套业态,打造亚太地区一站式国际家居建材商贸综合体。

第三节 结论及原因分析

一、结论——外来非正规就业群体职住空间不匹配现象不明显

通过结合上海整体的就业分布、居住分布特点及趋势,对外来非正规就业群体从上海总体、闵行区调查街道、闵行区九星综合市场三个层面地从宏观到微观的就业和居住区位关系分析,发现上海外来人员进入到城市中,他们进行的往往是以家族或血缘为基础的简单作坊式的就业,走着世界城市工业发展初级阶段的路程。他们居住空间与就业空间匹配程度较高,对外来非正规就业群体而言,"空间不匹配"假设不成立,与国外的状况不一致。

二、原因分析

生产与生活空间的组织,受不同历史时期社会生产力发展水平、交通通信方式、城市空间规模和社会交往方式的限制和影响。在上海这样城市空间规模比较大的地区,交通费用居高不下对普通市民尚且造成很大的压力,何况外来非正规就业群体呢。另外由于该群体的社会交往往往基于血缘、地缘

和业缘，决定了其居住空间与就业空间匹配程度高。

上海城市用地发展特点决定了非正规就业特点。城市空间结构的变动除了受市场经济机制的影响外，也受政府管制的强烈影响。市场机制和政府管制的双重影响是城市空间结构变动的两个主要动力。20世纪90年代以来，随着经济体制向市场经济方向的转型，在城市中实施了土地批租制度，使城市土地利用的格局逐步优化，第三产业和居住逐步替代第二产业成为中心城市主要的土地利用类型。从地价的峰值出现在市中心来看，也显示了市场机制在城市土地利用中开始起引导作用。空间占据的主动选择性存在差异，不同阶层对空间资源的占有不同、控制不同。就业区位与居住区位的空间相互关系，反映不同社会阶（层）级对城市社会空间资源的运用、分配方式和能力。外来非正规就业群体的就业和居住区位的高度匹配状况反映了该群体对城市社会空间中最主要的两大资源生产空间占据的资源和生活空间占据的资源的支配能力弱，反映在城市土地利用上，即生产用地和居住用地位置的匹配性，说明该群体以经济为基础的空间活动能力差、空间支配能力差。

主要参考文献

[1] 周素红,闫小培.城市居住-就业空间特征及组织模式——以广州市为例[J].地理科学,2005(06):6664-6670.

[2] Kain, John F. Housing Segregation, Negro Employment, and Metropolitan Decentralization. Quarterly Journal of Economics. 1968. 82: 175-197.

[3] Orfield, Myron. Metro Politics: A Regional Agenda for Community and Stability. Washington, DC: Brookings Institution. 1997.

[4] Galster, George C., and Sean P. Killen. The Geography of Metropolitan Opportunity: A Reconnaissance and Conceptual Framework. Housing Policy Debate. 1995, 6(1): 7-44.

[5] Galster, George C., and Maris Mikelsons. The Geography of Metropolitan Opportunity: A Case Study of Neighborhood Conditions Confronting Youth in Washington, D. C. Housing Policy Debate. 1995, 6(1): 73-102.

[6] Ihlanfeldt, Keith R. The Spatial Mismatch between Jobs and Residential

Locations within Urban Areas. Cityscape: A Journal of Policy Development andResearch. 1994, 1(1): 219-244.

[7] Wilson, William Julius. The Truly Disadvantaged: The Inner City, the Underclass and Public Policy. Chicago: University of Chicago Press. 1987.

[8] Kasarda, John D. Urban Industrial Transition and the Underclass. Annals of the American Academy of Political and Social Science. 1989, 501: 26-47.

[9] Blumenberg, Evelyn, and Paul Ong. Job Accessibility and Welfare Usage: Evidence from Los angeles. Journal of Policy Analysis and Management. 1998, 17(4): 639-657.

[10] Coulton, Claudia, Laura Leete, and Neil Bania. Forthcoming. Housing, Transportation and Access to Suburban Jobs by Welfare Recipients in the Cleveland Area. In The Home Front: Implications of Welfare Reform for Housing, ed. Sandra J. Newman. Washington, DC: Urban Institute Press.

[11] Pugh, Margaret. Barriers to Work: The Spatial Divide between Jobs and Welfare Recipients in Metropolitan Areas. Washington, DC: Brookings Institution. 1998.

[12] Rich, Michael J. The Reality of Welfare Reform: Employment Prospects in Metropolitan. Georgia Academy Journal, Summer, 1997: 9-12.

[13] Wilson, William Julius. When Work Disappears. New York: Alfred A. Knopf. 1996.

[14] Yinger, John. Closed Doors, Opportunities Lost: The Continuing Costs of Housing Discrimination. New York: Russell Sage Foundation. 1995.

[15] Wyly, Elvin K. Race, Gender, and Spatial Segmentation in the Twin Cities. Professional Geographer. 1996, 48(4): 431-444.

[16] McLafferty, Sara, and Valerie Preston. Spatial Mismatch and Labor Market Segmentation for African American and Latina Women. Economic Geography. 1992, 68: 406-431.

[17] Gabriel, Stuart A., and Stuart S. Rosenthal. Commutes, Neighborhood Effects, and Earnings: An Analysis of Racial Discrimination and Compensating Differentials. Journal of Urban Economics. 1996, 40(1): 61-83.

[18] Wheeler, Laura A. An Empirical Analysis of the Effect of Residential Location on Labor Force Participation Rates on Female-Headed Households: A Test of the Spatial Mismatch Hypothesis. Ph. D. diss. Syracuse University. 1993.

[19] Kasarda, John D., and Kwok-fai Ting. Joblessness and Poverty in America's Central Cities: Causes and Policy Prescriptions. Housing Policy Debate. 1996, 7(2): 387-419.

[20] Bell, Duran, Jr. Residential Location, Economic Performance, and Public Employment. In Patterns of Racial Discrimination, Vol. 1: Housing, ed. George M. von Furstenberg, Bennett Harrison, and Ann R. Horowitz, 1974, 55-75. Lexington, MA: Lexington Books.

[21] Harrison, Bennett. The Intrametropolitan Distribution of Minority Economic Welfare. Journal of Regional Science, 1972, 12: 23-43.

[22] Price, Richard, and Edwin Mills. Race and Residence in Earnings Determination. Journal of Urban Economics. 1985, 17: 1-18.

[23] Reid, Clifford E. 1985. The Effect of Residential Location on the Wages of Black Women and White Women. Journal of Urban Economics. 1985, 18: 350-363.

[24] Vrooman, John, and Stuart Greenfield. Are Blacks Making It in the Suburbs? Some New Evidence on Intrametropolitan Spatial Segmentation. Journal of Urban Economics. 1980, 7: 155-167.

[25] Ihlanfeldt, Keith R. Forthcoming a. The Geography of Economic and Social Opportunity within Metropolitan Areas. In Metropolitan Governance and Personal Opportunity: Governmental Arrangements and Individual Life Chances in Urban America, ed. Alan Altshuler, William Morrill, Harold Woldman, and Faith Mitchell. Washington, DC: National Academy Press.

[26] Ihlanfeldt, Keith R., and Madelyn V. Young. Housing Segregation and the Wages and Commutes of Urban Blacks: The Case of Atlanta Fast-Food Restaurant Workers. Review of Economics and Statistics. 1994, 76: 425-433.

[27] Turner, Susan C. Barriers to a Better Break: Employer Discrimination and Spatial Mismatch in Metropolitan Detroit. Journal of Urban Affairs. 1997, 19(2): 123-141.

[28] Ihlanfeldt, Keith R., and Madelyn V. Young. The Spatial Distribution of Black Employment between the Central City and the Suburbs. Economic Inquiry. 1996, 64: 613-707.

[29] Holzer, Harry J., and Keith R. Ihlanfeldt. Spatial Factors and the Employment of Blacks at the Firm Level. New England Economic Review (Federal Reserve

Bank of Boston), May/June Special Issue, 1996, 65-82.

[30] Ihlanfeldt, Keith R. Information on the Spatial Distribution of Job Opportunities within Metropolitan Areas. Journal of Urban Economics. 1997, 41: 218-242.

[31] Sjoquist, David L. Spatial Mismatch and Social Acceptability. Working paper. Georgia State University, Policy Research Center. 1996.

[32] Taylor, D. Brian, and Paul M. Ong. Spatial Mismatch or Automobile Mismatch? An Examination of Race, Residence and Commuting in U.S. Metropolitan Areas. Urban Studies. 1995, 32(9): 1453-1473.

[33] Pastor, Manuel Jr., and Ara Robinson Adams. Keeping Down with the Joneses: Neighbors, Networks, and Wages. Review of Regional Studies. 1996, 26: 115-145.

[34] Cooke, Thomas J. Geographic Access to Job Opportunities and Labor Force Participation among Women and African Americans in the Greater Boston Metropolitan Area. Urban Geography. 1997, 18(3): 213-227.

[35] Cooke, Thomas J. City-Suburb Differences in African American Male Labor Market Achievement. Professional Geographer. 1996, 48(4): 458-467.

[36] Cooke, Thomas J. Proximity to Job Opportunities and African American Male Unemployment: A Test of the Spatial Mismatch Hypothesis in Indianapolis. Professional Geographer. 1993, 45(4): 407-415.

[37] Immergluck, Daniel. Job Proximity and the Urban Employment Problem: Do Suitable Nearby Jobs Reduce Neighborhood Unemployment Rates? Chicago: Woodstock Institute. 1996.

[38] Ihlanfeldt, Keith R. Job Accessibility and the Employment and School Enrollment of Teenagers. Kalamazoo, MI: W. E. Upjohn Institute for Employment Research. 1992.

[39] Kain, John F. The Spatial Mismatch Hypothesis: Three Decades Later. Housing Policy Debate. 1992, 3(2): 371-460.

[40] Holzer, Harry J. The Spatial Mismatch Hypothesis: What Has the Evidence Shown? Urban Studies. 1991, 28(1): 105-122.

[41] Weinberg, Bruce A. Testing the Spatial Mismatch Hypothesis Using Inter-City Variations in Industrial Composition. Unpublished paper. 1998.

[42] Abramson, Alan J., Mitchell S. Tobin, and Matthew R. VanderGoot. The Changing Geography of Metropolitan Opportunity: The Segregation of the Poor

in U.S. Metropolitan Areas, 1970 to 1990. Housing Policy Debate. 1995, 6(1): 45–72.

[43] Ihlanfeldt, Keith R., and Madelyn V. Young. Housing Segregation and the Wages and Commutes of Urban Blacks: The Case of Atlanta Fast-Food Restaurant Workers. Review of Economics and Statistics. 1994, 76: 425–433.

[44] Ross, Glenwood. Are Black Communities Truly Underserved? An Analysis of Retail Markets and Service Industries in the Atlanta Metropolitan Area. Ph. D. diss. Georgia State University. 1998a.

[45] White, Sammis B., John F. Zipp, William F. McMahon, Peter D. Reynolds, Jeffery D. Osterman, and Lisa S. Binkley. ES202: The Database for Local Employment Analysis. Economic Development Quarterly. 1990, 4(3): 240–253.

[46] Madden, Janice F. Why Women Work Closer to Home. Urban Studies. 1981, 18(1): 181–194.

[47] Holzer, Harry J., Keith R. Ihlanfeldt, and David L. Sjoquist. Work, Search, and Travel among White and Black Youth. Journal of Urban Economics. 1994, 35: 320–345.

[48] Forlaw, Blair. Work, Wheels, and Wages. St. Louis, MO/IL: East-West Gateway Coordinating Council. 1998.

[49] Fainstein, Susan F., and Norman J. Fainstein. The Racial Dimension in Urban Political Economy. Urban Affairs Quarterly. 1989, 25(2): 187–199.

[50] Holzer, Harry J. What Employers Want: Job Prospects for Less-Educated Workers. New York: Russell Sage Foundation. 1996.

[51] Rosenbaum, James E. Discussion (on "Spatial Factors and the Employment of Blacks at the Firm Level," by Harry J. Holzer and Keith R. Ihlanfeldt). New England Economic Review (Federal Reserve Bank of Boston), May/June Special Issue. 1996, 83–86.

[52] Summers, Anita A. A Statement of Our Concerns. New England Economic Review (Federal Reserve Bank of Boston), May/June Special Issue, 1996, 173–176.

[53] 孟庆艳,陈静.城市居民通勤活动行为的时空特征研究——以上海浦东新区为例[J].交通与运输(学术版),2006(01): 6–9.

[54] Ellwood, David T. The Spatial Mismatch Hypothesis: Are There Teenage Jobs

Missing in the Ghetto? In The Black Youth Employment Crisis, ed. Richard B. Freeman and Harry Holzer, 1986, 147-187. Chicago: University of Chicago Press.

[55] 白光润.集聚、竞争、关联——商业微区位研究的三个重要理论问题[C]//中国法学会经济法研究会.中国法学会经济法学研究会2005年年会专辑.当代财经杂志社,2005:6.

第七章

上海市非正规就业群体的城市生活方式

东西方文化不同,对城市生活态度也存在较大的差异。西方城市发展历史久,城市化程度高,城乡经济差别同我国相比要小,人们对城市的认识多为负面,认为城市是一种"必要的罪恶",对城市生活充满敌意的态度,但城市同时也被看作多样性和机会的中心。我国作为一个发展中国家,正处在城市化大发展时期,加之由于户籍制度造成的城乡之间在就业、医疗、教育、社会福利等方面存在较大差异,促使农民向往城市,城市市民也产生莫名的优越感。虽然不同群体,如市民和外来群体,对城市的感受存在差异,但是不可否认的是城市的吸引力远大于其负面作用。

韦伯最早将生活方式概念引入到社会空间分化的研究中。对于外来非正规就业群体城市生活方式的研究,主要研究该群体的社会日常活动行为,主要涉及人们的消遣、消费以及社会交往等活动行为,这些都具有一定的目的指向性,呈现不同的空间行为规律,从而形成不同的行为空间。社会群体的空间行为往往存在距离递减的规律,即通常以居住地为原点,距其越近,活动的机会越多;空间距离越远,则活动机会越少。然而不同社会群体的行为活动其具体的行为空间范围也各具特点。本章的研究注重外来非正规就业群体的城市生活方式和上海市不同阶层的对比。

第一节　消遣活动空间

消遣活动与多数人的可支配收入、流动或机动水平以及可自由支配的时间长短有关。通过对消遣活动空间的研究可以反映不同群体的差异，反映就业与消遣的关系。

研究内容包括消遣方式、消遣场所、消遣偏好差异等。2005年时的消遣方式如表7-1所示，传统的看电视、听广播依然居于主导地位。

表7-1　上海外来非正规就业人员消遣方式(2005)

	频　数	占　比	累计百分比
平时没有或很少消遣	248	11.6	11.6
看电视、听广播	1 276	59.5	71.2
逛街、逛公园	160	7.5	78.7
打牌、打麻将	50	2.3	81.0
读书看报	226	10.5	91.6
体育活动	18	0.8	92.4
看电影/录像	34	1.6	94.0
上网或打游戏	79	3.7	97.7
朋友聚会喝酒、聊天	38	1.8	99.5
歌舞厅、卡拉OK	11	0.5	100.0
总计	2 140	99.8	

一、平时没有消遣占有一定比例

调查中11.6%的人员没有或很少消遣，这种选择意味着该群体消遣的时间和空间上都为零的状态。具体的特点是，第一，女性相对于男性业余时间没有消遣的比例高，男性占45.6%，女性占54.4%，原因在于女性除了工作外，还要照顾家庭，家庭负担较重，没有时间进行消遣。第二，婚姻状况中已婚的比例明显高,占67.3%,未婚人员业余生活中的自由度比较大,已婚人员,除了工作外,还要照顾子女,生活圈子明显要变小。第三,职业统计为加工制造业和私营业居前两位,分别为36.8%和21.9%,加工制造业属于那些一无所有靠自身的劳动力工作,因此劳动强度大,工作辛苦,业余时间休息是最好也是必需的选择。第四,每周工作时数最高是70个小时,占比为13.1%。这也说明了超时工作的结果,即工作时间对业余时间的剥夺,闲暇在时间和资源上与劳动竞争的结果是闲暇让位于劳动。第五,户口性质,86.1%为农业户口。在我国城乡差别显著,不仅仅体现在收入、社会保障等方面,也体现在文化生活方面,城市,让人联想到灯红酒绿、歌舞升平、热闹非凡,而农村则让人想到大片农田,及一小片、一小片的村落,没有高楼大厦,生活简单,或者说单一,娱乐活动少。这些人进入城市后,在经济没有明显改观的情况下,依然保持了以往的生活习惯。第六,受教育程度偏低,83.5%的比例为小学和初中毕业,其中,小学毕业的比例为26.6%,而在总体调查中小学毕业占比例为10.6%,说明受教育程度越低,娱乐方式越少、越单一,甚至没有消遣。第七,消遣方式与生活周期有关;青少年无消遣活动主要是由于相对贫困;刚组成家庭有子女的人员则是因为处于生活周期的相对稳定期,子女限制了消遣活动;处于主要劳动时间段的人,由于时间不足,导致消遣活动少。

二、住户范围内的消遣居主导

外来人员消遣方式少、单一,消遣发生的消费低,消遣的空间范围小、较封闭。看电视、听广播占大多数。在对消遣方式的调查中,发现被调查者中有11.6%的人就没有或很少消遣,说明生活工作的压力比较大,再者,收入低没有能力进行消遣,生活没有乐趣。首选的消遣方式中有59.5%选择了看电视、听广播,这是一种最简单、成本最低、最方便的一种消遣方式。从空间的角度看,虽然上海商业娱乐业发达,但外来人员的消遣方式在住户内进行;从社会的角度看,这种方式也是一种较为封闭的消遣方式,由于空间范围的封闭，导致没有对外的交流、交互，只是单向的信息的传递，即通过电视和广播了解外面的世界，造成后面提到的社会交往空间小的现状。其次是有10.6%的人选择读书看报的方式进行消遣，这和电视广播消遣方式有些类似。总的来说，看电视、听广播是主要的消遣方式，其次是逛街、逛公园，看书读报，再次是朋友聚会喝酒、聊天。消遣方式反映出生活较为封闭。

三、城市免费公共开放空间是外来群体消遣的主要场所

对城市公共开放空间的研究，一直是建筑设计领域研究的主要内容之一，而地理学者关注的是开放空间在哪里，开放空间内进行的活动是什么，哪些人经常光顾这些空间，这些空间对个人的作用是什么，其社会意义、价值是什么，这些是近年来地理学领域内研究的热点。以逛街、逛公园这样的免费开放空间为主。外来人员来到上海，由于对外界了解、对城市文化接触了解的内在的渴望，他们选择了逛街、逛公园，通过逛街了解城市文化、了解时尚、感觉城乡差异，这是不需要花费、没有限制就可以实现的事情。目前上海市公园免费开放率接近九成，该群体受益匪浅。现在，公园里，特别是接近郊区的公园所见外来人员越来越多，体现了城市无偿使用的公共空间对于这些人的作用。随着无偿使用公共空间的增大，外来低收入的非正规就业群体的视野必然也随之扩大。

四、在其他城市工作过的人参加各种消遣娱乐活动的可能性大

例如，对于到上海之前曾经在其他城市工作过的人的统计表明，他们首选逛街、逛公园的比例为10.8%，而对于以前从未工作过，或在家乡工作的人，他们首选该项的比例为6.7%，前者大于后者。前者由于其他城市的工作经历，使他们对城市有一定了解，对城市生活也表现出某种程度的适应，通过敏感的观察感知所接触环境的差别。前面提到的消遣方式多数是通过视觉、听觉感受的，是一种感官消遣，往往不需要语言，当然人作为社会人，都与生俱来地害怕孤独、寂寞，因此，和老乡朋友喝酒、聊天成为他们交流的方式，而

不是和其他本地人的交流。

五、对城市公共设施资源的享用存在着不平等

闲暇活动设施的提供和使用已成为许多研究工作注意的焦点。值得考虑的问题是公共活动设施提供者是谁？设施安置在哪里？为哪些人服务？使用的对象是谁？城市公共设施区位是设施区位研究的内容之一，Drezner出版了关于设施区位研究的专著,对设施区位模型、方法和运用汇总、分类和评述,他考虑了提供公平服务条件下的设施最佳位置的问题。而在现实中,是否真正做到了公平服务？Herbert曾指出,"贫穷将个人限制在特定的建成环境下；最糟糕的是将其限制在最差的住宅类型中……意味着对设施的空间可达性的缺乏"(1976,P226-227)。在调查中,对于去歌舞厅卡拉OK、体育活动选项的比例是最低的。一方面,对于城市中比较经常的消遣方式由于经济能力、心理等限制,他们不去涉及。也许由于工作劳动强度大、工作时间长,他们几乎没有体育活动,在调查的过程中,我们顺便提及为什么不参加体育活动,常有人说:"每天上班已累得不行了,哪里还会有时间和精力去体育活动,只想多睡点觉。"此外,一些收费的体育活动项目,如乒乓球、羽毛球、网球等是以小时计费,他们在目前收入不高的情况下,也不会去考虑；同时,一个人的成长环境,成长历史也是影响娱乐偏好和需求的极为重要的因素,这些群体由于户籍多数是农业户口,在以往的生活环境中,城乡在体育活动设施方面的差异较大,多数人参与的体育活动较少,现虽人在城市,但很多体育活动对他们是非常陌生的,受体育场馆收费等因素影响,他们也较少参与。这些都反映出地域的改变并没有改变他们原有的农村生活方式的特点,对城市公共资源的享用远低于本地居民。

六、消遣活动的偏好,随性别、年龄和文化程度的不同而变化

(一) 受教育程度高的外来人口首选的消遣方式多为看书读报

其中高中教育程度比例为40.4%,而总体样本中高中学历的比例为 26.8％,表明选择读书看报消遣方式的人的教育程度高于其他消遣方式。他们对城市的了解不是通过语言交流,而是通过看书读报的方式进行。

(二) 未婚青年男性偏爱上网、打游戏消遣

对于第一消遣方式为上网、打游戏的样本进行统计,发现年龄介于 15～20 岁的比例为 59.5％,未婚的比例为 83.5％,性别中男性的比例为 69.6％,文化程度高中及以上的比例为 54.4％。月平均收入稍高于总体的月平均收入的均值。

而现如今,网络社交媒体的兴起和发展,如短视频等,无论城市居民还是外来人口,很多人都深陷其中、上瘾而不能自拔,褫夺了其闲暇时间,闲暇方式趋于单一化,并且被社交媒体信息裹挟,进入信息孤岛,更加不利于社会融合。

第二节 日常消费空间

研究消费空间,可以揭示出不同群体消费的特点及其影响因素。消费空间的研究内容包括:消费量、消费结构和消费场所的差异。

一、消费量小

消费量的研究是通过家庭月消费来反映。2017 年国家统计局奉贤调查队抽取奉贤区外来农民工进行抽样调查,调查显示,受访外来农民工户均月生活消费为 2 709 元,但是,2017 年上海居民人均消费支出为 39 792 元。说明仅上海市居民个体的消费支出就远大于外来非正规就业家庭在上海的月平均消费量。

在探讨消费量的同时,还需考虑消费占收入的比例情况,以反映不同群体的经济状况。消费收入比是消费和收入的对比关系,反映平均消费倾向。基于表 7-2 数据,上海外来非正规就业群体的家庭月消费和收入比为 54％,

上海城市居民家庭月消费和收入比为67.5%。因此,外来群体更倾向于保守消费,一方面是收入不高,另一方面还想尽可能多地攒钱。

表7-2 主要年份城市居民家庭人均可支配收入与消费支出　　单位:元

指　　标	2000	2005	2010	2014
人均可支配收入	11 718	18 645	31 838	47 710
低收入户	6 840	7 851	14 996	24 317
中低收入户	8 815	11 800	21 780	34 120
中间收入户	10 529	15 668	27 484	40 799
中高收入户	12 892	21 313	35 120	52 089
高收入户	19 959	37 722	62 465	93 901
人均消费支出	8 868	13 773	23 200	30 520
低收入户	6 272	7 698	12 555	17 879
中低收入户	7 516	9 807	15 970	20 881
中间收入户	8 555	11 524	21 611	27 974
中高收入户	9 445	15 024	26 773	35 904
高收入户	12 763	25 470	40 744	53 734

数据来源:《上海统计年鉴(2022)》。

二、以基本生活消费支出为主

所谓消费结构是指在一定的收入水平下,不同消费内容上消费数量的比例关系。可见,收入水平是影响家庭消费结构的重要因子。通常情况下,每个家庭的收入决定了它实际的消费方式和消费水平。国家统计局上海调查总队的调查数据显示,2017年上海市外来农民工人均消费21 707元,高出上海农村常住居民3 000余元,约是上海城镇居民的一半左右。[1]

(一) 总体消费特点

1. 基本生活消费占主导

心理学家马斯洛、恩格斯等从需要的层次理论角度对消费进行了结构划分,把商品按照需要划分为五类:(1)生活必需品;(2)安全保健品;(3)社交类商品;(4)享受类商品;(5)发展类商品。[2]房租水电煤、食品和服装日用品居前三位。处于一种生活必需品消费层次,生存型的温饱消费,是消费的最初级状态。而上海市消费结构已由生存型消费向发展型与享受型的小康消费转变。

表7-3 上海外来农民工消费情况(2017)

指标	金额(元)	比重(%)
食品烟酒	7 424	34.2
居住	5 012	23.1
购买大件物品的支出	3 002	13.8
衣着以及其他日常生活用品和服务	2 586	11.9
交通费和通信费	1 977	9.1
教育文化娱乐	1 089	5.0
医疗保健消费	617	2.9

数据来源:国家统计局上海调查总队2017年农民工市民化进程动态监测调查。

1857年,世界著名的德国统计学家恩斯特·恩格尔阐明了一个定律:随着家庭和个人收入增加,收入中用于食品方面的支出比例将逐渐减小,这一定律被称为恩格尔定律。食品消费居于家庭消费中仅次于房租、水电煤,说明其占消费比例较高,恩格尔系数较大,仍处于并不富有的状态。

2. 子女教育投入低,与城市居民家庭的差距大

2019年12月9日,上海社会科学院城市与人口发展研究所发布了在静安区和闵行区14个街镇进行的《少年儿童家庭公共服务情况调查问卷》的报告。调查显示,静安区平均每个家庭从孩子出生到初中毕业总投入接近84万元,其中教育投入超过51万元;闵行区家长总投入共76.31万元,其中教育投入52万元。数据报告显示:"父母都对孩子舍得花钱,以静安区为例,年收入在5到9万元的家庭投入了大约一半的收入用于孩子身上,而年收入5

万元以下的家庭在孩子身上的投入更是达到总收入的71.17%。"[3]

上海已经达到整体家庭平均月收入1万元以上的标准,而数据中家庭年收入少于12万元的家庭,在孩子的教育投入上超过了总收入的50%,收入越少的家庭反而投入比例越高,该比例远远高于美、加等国10%左右的居民教育支出比率,如果加上大学教育和海外留学费用,这一比例还会大幅上升。

3. 同等消费量下,消费结构不同

除收入这个主要的消费影响因子外,家庭所处的社会环境以及家庭的社会地位也会影响家庭消费结构。2005年的调查,选择家庭月消费3 000元以上的消费结构分析,选择了两部分人群进行分析,一部分是未婚人员,另一部分是三口之家在上海的人员。

外来非正规就业群体的未婚人员消费结构以基本生活开销为主,同本地人消费结构差异较大。调查中,有18人未婚人员月消费3 000元以上,比上海2005年高收入户的平均年消费支出高。消费规律是当收入增加后消费会从数量上的满足转向质量上的满足;由低效率的消费走向高效率的消费。他们支出项前三位分别是房租水电煤、食品、服装和日常用品;而上海高收入户消费支出项前三位分别是食品、交通和通信、教育文化娱乐服务。对比两种消费结构,我们发现两者之间的差别比较显著。恩格尔定律揭示的消费的一个规律是随着收入的增加,消费由低层次需要的满足走向高层次需要的满足,消费项目将变得越来越丰富。调查表明,外来非正规就业人员中,即便是那些收入比较高的人员,和总体的统计情况一致,消费还停留在仅仅是基本生活消费的支出上,消费项目少。这说明根据杜森贝利的相对收入消费理论,消费者会根据自己过去的消费习惯来决定当期的消费。而上海居民的消费结构已经从温饱型发展为小康型,消费项目随着收入增加、现代化程度加强而越来越丰富。

另外,同等收入的情况下,每个人或每个家庭生活的区域不同、社会交往对象不同,即构成社会环境不同,由于外来非正规就业人员以往多年所处的社会环境与上海人不同,到上海以后,他们的社会环境也与上海人不同,原有模式的延续以及现存状态的差异导致两者的消费结构不同，反映城乡消费文化的差异。

外来非正规就业群体的三口之家消费结构仍然以基本生活开销为主，而本地家庭则体现出对子女教育投入较高的特点。家庭月消费 3 000 元以上的三口之家在沪的样本数为 23 人，即人均消费在 1 000 元左右，年均消费 12 000 元，低于上海市 2005 年平均人均消费支出的 13 773 元，其对应于上海的按收入水平分组的中等收入户，该组消费支出前三项分别是食品、教育文化和娱乐服务、交通和通信，外来非正规就业家庭的人均消费支出前三项分别是租房水电煤、食品和服装、生活用品。对于三口之家，上海居民很显然把教育放在重要位置，教育文化等比例高，位于第二位，而子女在上海的外来非正规就业家庭，教育支出并不在前三位，笔者认为，并不是他们认为教育不重要，而是在生存第一的情况下一种无奈的选择。交通和通信在上海居民的消费中一直处于比较高的状况，而外来非正规就业人员却并非如此，说明外来非正规就业人员居住和就业邻近，也说明外来非正规就业群体的生活活动空间范围狭小。

表 7-4　主要年份城市居民家庭人均消费支出　　　　　　　　单位：元

年份	消费支出	食品	衣着	居住	家庭设备用品及服务	医疗保健	交通和通信	教育文化娱乐服务	其他商品和服务
1980	553	310	79	26	50	7	20	49	12
1985	992	517	148	43	131	5	30	91	27
1990	1 937	1 095	208	90	196	11	58	231	48
1995	5 868	3 131	561	401	637	113	321	508	196
1996	6 763	3 429	590	416	614	148	496	827	243
1997	6 820	3 526	552	605	525	197	397	828	190
1998	6 866	3 477	472	674	453	261	406	893	230
1999	8 248	3 731	551	842	772	347	583	1 094	328
2000	8 868	3 947	567	794	683	501	759	1 287	330

续 表

年份	消费支出	食品	衣着	居住	家庭设备用品及服务	医疗保健	交通和通信	教育文化娱乐服务	其他商品和服务
2001	9 336	4 056	577	796	579	558	958	1 422	390
2002	10 464	4 120	613	1 189	653	734	1 115	1 668	372
2003	11 040	4 102	751	1 280	792	603	1 259	1 834	419
2004	12 631	4 593	797	1 327	780	762	1 703	2 195	474
2005	13 773	4 940	940	1 412	800	797	1 984	2 273	627
2006	14 762	5 249	1 027	1 436	877	763	2 333	2 432	645
2007	17 255	6 125	1 330	1 412	959	857	3 154	2 654	764
2008	19 398	7 109	1 521	1 646	1 182	755	3 373	2 875	937
2009	20 992	7 345	1 593	1 913	1 365	1 002	3 499	3 139	1 136
2010	23 200	7 777	1 794	2 166	1 800	1 006	4 076	3 363	1 218
2011	25 102	8 906	2 054	2 226	1 826	1 141	3 808	3 746	1 395
2012	26 253	9 656	2 111	1 790	1 906	1 017	4 564	3 724	1 485
2013	28 155	9 823	2 032	2 848	1 706	1 350	4 736	4 122	1 538
2014	30 520	10 677	2 038	3 031	1 779	1 449	4 885	4 931	1 730

数据来源：《上海统计年鉴(2022)》。

表7-5 主要年份城市居民家庭人均消费支出构成　　　　单位：％

年份	消费支出	食品	衣着	居住	家庭设备用品及服务	医疗保健	交通和通信	教育文化娱乐服务	其他商品和服务
1980	100	56.0	14.3	4.7	9.0	1.3	3.6	8.9	2.2
1985	100	52.1	14.9	4.4	13.2	0.5	3.0	9.2	2.7
1990	100	56.5	10.7	4.7	10.1	0.6	3.0	11.9	2.5
1995	100	53.4	9.6	6.8	10.8	1.9	5.5	8.7	3.3
1996	100	50.7	8.7	6.2	9.1	2.2	7.3	12.2	3.6
1997	100	51.7	8.1	8.9	7.7	2.9	5.8	12.1	2.8
1998	100	50.6	6.9	9.8	6.6	3.8	5.9	13.0	3.4
1999	100	45.2	6.7	10.2	9.3	4.2	7.1	13.3	4.0

续　表

年份	消费支出	食品	衣着	居住	家庭设备用品及服务	医疗保健	交通和通信	教育文化娱乐服务	其他商品和服务
2000	100	44.5	6.4	9.0	7.7	5.6	8.6	14.5	3.7
2001	100	43.4	6.2	8.5	6.2	6.0	10.3	15.2	4.2
2002	100	39.4	5.9	11.4	6.2	7.0	10.7	15.9	3.5
2003	100	37.2	6.8	11.6	7.2	5.4	11.4	16.6	3.8
2004	100	36.4	6.3	10.5	6.2	6.0	13.5	17.4	3.7
2005	100	35.9	6.8	10.2	5.8	5.8	14.4	16.5	4.6
2006	100	35.6	6.9	9.7	5.9	5.2	15.8	16.5	4.4
2007	100	35.5	7.7	8.2	5.5	5.0	18.3	15.4	4.4
2008	100	36.6	7.9	8.5	6.1	3.9	17.4	14.8	4.8
2009	100	35.0	7.6	9.1	6.5	4.8	16.7	14.9	5.4
2010	100	33.5	7.7	9.3	7.8	4.3	17.6	14.5	5.3
2011	100	35.5	8.2	8.9	7.3	4.5	15.2	14.9	5.5
2012	100	36.8	8.0	6.8	7.3	3.9	17.4	14.2	5.6
2013	100	34.9	7.2	10.1	6.1	4.8	16.8	14.6	5.5
2014	100	35.0	6.7	9.9	5.8	4.7	16.0	16.2	5.7

数据来源:《上海统计年鉴(2022)》。

1995—2014 年,上海城市居民家庭人均消费支出的变化特点是:食品、衣着、家庭设备等的支出比例相对逐渐降低,用于食品的消费从 1995 年 56.5% 降到 2014 年的 35.0%,同其他支出相比变化幅度最大。说明上海市的恩格尔系数是在下降,人民生活水平有大幅提高。用于医疗保健、交通和通信、教育文化和娱乐服务以及居住支出有显著增加,比较突出的是交通和通信支出由 1995 年的 5.5% 增加到 2014 年的 16.0%,增长 10.5 个百分点。上海市交通条件的改善,如轨道交通和空调公交车的增加,使得人们用于交通的开销增加;另一方面,随着生活水平的提高,人们用于出租车的开销增加,在城郊接合部早晨打不到出租车,就是一个很好的证明;而最近几年,私家车拥有量明显增加,交通消费显著增加。教育文化和娱乐服务从 1995 年的8.6%增加到2014年的16.2%,其中2004年曾达到最高17.4%,说明上海家庭越来越注重教育的投资,很主要的一个方面是子女教育的投资;另外,随着就业压力的增大和社会发展变化速度加快,为了更好地适应社会,适应就业环境,提高自身的社会竞争力,很多人也注重个人深造,参加各种培训、接受一些提高学历层次的教育等,所以教育文化支出比例增加;再者,随着生活水平提高,工作压力增大,人们更加渴望工作之余的娱乐,如健身、唱歌跳舞等,以排遣工作中的压力与烦恼,因此娱乐服务支出增加。居住支出从1995年的6.8%到2014年的9.9%,其中的2002年和2003年的居住支出比例最高分别为11.4%和11.6%,主要原因归结为上海市近几年商品房价格上涨。

(二) 同上海市居民消费的差异

上海市居民的家庭消费结构中居前三位的分别是食品、教育文化娱乐服务、交通与通信,与外来非正规就业群体家庭消费结构的差异很大。

表7-6 主要年份上海城市居民家庭人均消费支出　　　　单位:元

类别	1990年	2000年	2005年	2010年	2014年
消费支出	1 937	8 868	13 773	23 200	30 520
食品	1 095	3 947	4 940	7 777	10 677
衣着	208	567	940	1 794	2 038
家庭设备用品及服务	196	683	800	1 800	1 779
医疗保健	11	501	797	1 006	1 449
交通和通信	58	759	1 984	4 076	4 885
教育文化娱乐服务	231	1 287	2 273	3 363	4 931
居住	90	794	1 412	2 166	3 031
其他商品和服务	48	330	627	1 218	1 730

数据来源:《上海统计年鉴(2022)》。

上海市市民消费在吃、穿、用项目上的支出均呈下降趋势。随着人们收入增加,食品消费普遍遵循恩格尔定律,即在消费总量中的比重会逐步下降。2014年,上海居民消费的恩格尔系数为35%,比1990年的56.5%下降了21.5个百分点。食品消费水平由过去简单的吃饱吃好,转变为品种更加丰富,营养更加全面。由于食品消费品种的日益丰富,以及在外饮食的增加,粮食消费比重减小,购买量大幅度下降。继食物消费满足后,穿的比重会上升,然后趋于下降。2014年,上海居民的穿着消费为6.7%,比1990年的10.8%下降了4.1个百分点,完全符合衣着消费的变动规律。这是因为衣着方面虽日益丰富多彩,但一般有其数量限制,即增加不是无限的。当衣着基本满足后,其支出比重就会呈稳定或下降趋势。家庭设备用品消费比重呈下降趋势。2014年,上海居民的家庭设备用品消费为4.7%,比1990年的10.1%下降了5.4个百分点。

住宅消费支出的比重明显上升。2000年以来,上海的房地产市场一直处于上升阶段,推动上海住宅消费比重上升的主要因素不是收入水平提高和居住条件改善,其主要因素:一是由于住房体制改革和居住类价格变动,二是住宅具有耐久性、财产性、增值性等特点。但和发达国家相比较,上海居民的住宅消费支出比重仍属偏低。从国外房地产发展来看,美国、日本、英国房地产增加值占GDP的比重分别达到11.2%、12.8%、22.4%。美国几个经济发达的州,房地产增加值占GDP比重更是高达14%～15%。其中加利福尼亚州占GDP比重为15.5%,纽约州占GDP比重为13.9%。2001年,上海占GDP比重为6.4%,2002年占GDP比重超过7%。从居民消费支出比重看,美国用于住房消费的支出比重为18.95%,纽约、洛杉矶大都市的比重则分别达到23.97%、23.34%。2001—2009年间,上海市房地产业增加值占GDP的比重明显高于全国,这或显示出上海城市化率领先全国,房地产业发展较早。2010—2017年这一比重有所回落,但2017年后上海市房地产增加值占GDP的比重又大幅上升。服务消费支出比重增加主要表现在教育和医疗保健及交通通信消费支出明显上升。2014年,上海居民用于娱乐、教育、文化服务消费支出占16.2%,比1990年的11.9%增长4.3个百分点。2014年,上海居民的医疗保健消费占4.7%,最高是在2002年占比7.0%。还有就是交通通信的消费增长势头最猛,2014年,上海居民的交通通信消费为16.0%,

比 1990 年的 3.0%增长 13 个百分点。

三大因素促进上海居民娱乐教育文化服务消费比重持续上升：(1)市场化改革使就业竞争加剧,个人教育文化科技水平逐步上升为就业竞争能力的决定性因素,居民对于子女教育和自身继续教育的重视程度不断提高和教育收费体制改革使居民教育费支出大幅度上升;(2)信息化时代的到来使彩电、摄录像机、家用电脑等文教娱乐类耐用消费品不仅成为娱乐工具,更重要的是成为居民接收信息的主要媒介,这类耐用消费品的商品不断更新和价格下降使其家庭普及率迅速上升;(3)双休日制度的实行为居民增加了休闲时间,促进了娱乐教育文化服务消费产业化发展。另外,有三大因素在推动医疗保健消费支出比重继续上升：(1)人口结构老龄化,老年人更需要保健消费;(2)随着收入水平提高人们保健意识增强;(3)医疗保险制度改革使个人医疗负担适当增加。

生产的目的是供给消费过程中使用的产品和劳务,而消费的目的是取得物质文化需要的满足并在消费过程中获得个人、家庭及社会的发展。分析外来非正规就业群体的消费结构,并且比较他们同上海人消费结构的差异,我们发现他们的消费满足程度不高,就更不必提发展了。因此,消费效益低。由于投入到发展的消费数量少,不利于该群体提高个人和家庭的社会竞争力,落实到具体问题上即不利于职业地位的提升,不利于收入的提高,不利于他们社会地位的改观,从而形成一种恶性循环。提高消费满足度和消费效益,需要合理引导消费结构。对于收入偏低的外来人员,最主要的就是增加收入;而对于收入较高的外来人员,调整消费结构、引导合理消费比较重要。

从生产和消费的关系来看,低效率的劳动往往导致低效率的消费。非正规就业人员的劳动进行的往往是现代化程度不高、技术含量不高的劳动,相对低效率的劳动,他们的消费也是相对低效和低层次的。因此,提高非正规就业人员的技能、提高劳动效率、提高生产力,是提高他们消费层次的关键。

同上海富有阶层的消费差异：上海的富有阶层很多人的消费一方面是满足物质需求,另一方面,也是满足心理上的某种炫耀需求,制度经济学派的开山鼻祖凡勃伦称之为炫耀性消费。

三、超市、菜市场是主要的消费场所

"地点具有意义,一个地点是一个意义中心。对地点的体验可以以不同方式进行,从嗅觉等被动方式到观察、思维等主动形式。"[4]

(一) 不同消费场所的心理指示作用

从购物消费看,在一些人的心理或嘴上常常会说:"那种地方不是我们这种人去买东西的地方。"可见,人们对于有些消费、购物场所存在一些心理上的认知,首先判断这种场所属不属于自己的消费能力允许的范畴,然后才决策自己的消费行为。提到上海的东方商厦、伊势丹等商场会让人觉得那是高档购物场所,这些高档的"消费空间内部建筑十分讲究,目的是为了刺激人们消费",[5]不仅是建筑十分讲究,内部商品的陈设也十分讲究,价格昂贵的、品质精美的商品总是张扬地设置在最显眼的地方,这种场所出入的人群穿着讲究,服饰档次同那里出售的服饰有相一致的一面。这里的一切,从外在的建筑到内在的装修、商品的陈设,以及出入的人群,构成了一幅动态的、和谐的画面。而对于普通民众,心理上觉得自己不属于该消费层次,可能连去逛一逛的想法都没有,或多或少地存在一些心理上的障碍,逐渐形成了空间隔离。

(二) 同本地富有阶层的对比

电子商务的发展不仅改变了人们的消费习惯,虚拟空间也弱化了由于消费场所实体空间差异带来的社会歧视等。多数人除了网络购物外,注重购物体验、喜欢所见即所得的人群依然会选择在实体空间中进行消费。

1. 居住区附近的小卖店、菜场、大型超市,是外来非正规就业人员经常光顾的购物场所

对于该群体,感受城市气息、进行一些相对重大用品的购物场所是大型超市。第一,大型超市选址郊区化。大超市由于产品数量多品种全,占用空间大,商业布局选址的时候,土地租金是很主要的因素,因此很多大超市主要

布局在城郊接合部,闵行区大型超市的数量明显超过中心城区,主要的大超市有易初莲花、乐购、世纪联华、大润发、麦德龙、家乐福等,这与外来人口的居住相吻合,为他们购物提供了空间上的便利。第二,大型超市交通便利。很多大型超市,为了方便购物、为了吸引更多外来人员购物,开设了很多不同社区与超市之间往返的免费班车,对于外来人员,还可以节约交通的费用。第三,大型超市物美价廉。大型超市物资量大,商品类型齐全、丰富,而且物价相对较低;第四,大型超市购物方式的自选式。这种购物方式不需要太多的交流,感受的歧视相对少,给外来人员带来购物心理上的轻松。

2. 上海准入制消费空间同外来非正规就业群体的消费空间差异显著

在上海,不断推出的"白领俱乐部""车友俱乐部",以及一些相应的会员准入制度性质的消费场所,开始成为中产阶层聚集的地方,形成消费空间的分化,而且这种分化还在持续。消费空间差异仅仅是一种表象,更深层次的则是中产阶层消费空间对社会交往空间产生影响,造成越富有阶层拥有的社会资源越多,社会交往空间的同质性越强,稳定、提高社会地位的可能性越大。相反,对于外来非正规就业群体就可想而知了。因此,不同的消费空间已经具有社会标签的功能。与前面提到的高级消费场所不同的是,这是一种封闭的、准入制的消费空间。

第三节 社会交往空间

社会交往通常是人们为了获得必要的生活资料、必要的生活协作的手段,也是获得精神上的愉悦和满足的方式,同时也能够给人们带来安全感。

一、社会交往的理论解释

(一) 社会交往目的的社会心理学解释

个体心理需要满足方面的社会心理学理论主要有两种,一是人际需要的三维理论,二是社会交换理论。社会心理学家舒茨1958年提出的人际需要三维理论认为,每一个个体在人际互动过程中,都包括三种基本的需要,即包容需要、支配需要和情感需要。它们决定了个体在人际交往中所采用的行为,以及如何描述、解释和预测他人行为。对于外来非正规就业群体主要是包容需要和情感需要促使其进行社会交往。

(二) 社会交往的结构社会学解释

布劳在其社会交往的宏观结构理论中曾经阐述了一个基本假设,即:人们更多地与自己群体或社会阶层中的其他成员交往,处于相同社会位置的人们有着共同的社会经验和角色以及相似的属性和态度,这一切都将促进他们之间的交往,例如婚姻、朋友等性质的交往关系。这一假设可以称之为"接近性"假设。社会交往的结构理论提供了一个分析社会空间分化的视角。如果处于某一特定分层位置的人们交往的对象不局限于同一位置的人,还包括了很多其他分层位置的人,则意味着不同社会地位维度的相关性较强,分层结构呈多元化,整个社会没有形成一个相对封闭的分层结构。如果处于某一特定分层位置的人们交往的对象仅局限于同一位置的人,则意味着不同社会地位维度之间具有较弱的相关性,整个社会的分层结构呈现为较高程度的结构化。如果人们的社会交往在很大程度上是由客观分层地位决定,那么这种交往过程本身也会在很大程度上强化客观的分层位置。

(三) 国内学者对社会交往的解释分析

学者们的研究表明:社会关系网络对社会成员地位获得具有社会资源配置的独特作用;[6]农民工社会网络再构建存在必要性、可行性以及可延续性。[7]还有学者开展了典型案例分析,如通过对在南京市务工经商的流动农民的社会支持网分析,并与天津城市、农村居民的社会网比较发现:流动农民的社会网络特点仍可概括为规模小、紧密度高、趋同性强、异质性低。[8]流动农民尽管其社会生活场所发生了变化,但并没有从根本上改变其以血缘、地缘关系这些原有社会关系为纽带的社会网络的边界;与农村居民的关系构成相比,流动农民的地缘(邻居、老乡)作用下降,亲属关系作用变化不大；与城市居民的关系构成相比,业缘的力量不突出,亲属力量突出；朋友关系即中间性关系力量稍弱于亲属力量,并开始趋于突出。还有一种更为重要的原因是,与城市居民、农村居民相比,流动农民职业流动、地域流动较为频繁。[9]

外来非正规就业群体从外地到上海,虽然社会生活场所发生了变化,但并没有从根本上改变他们以血缘、地缘关系为纽带的社会网络边界,这样的社会关系网,虽然有助于减轻该群体的交易成本和心理成本,却难以靠它获取城市资源,因此,社会网络的再建构就成为必然。

二、外来非正规就业群体社会交往的特点

外来非正规就业群体的社会交往空间的研究主要集中在社会支持网。[10]社会支持包括实际支持、情感支持和社会交往支持。[11]对处于弱势地位的该群体而言,非正式社会支持关系如血缘关系、亲缘关系、地缘关系以及其他社会关系,一直发挥着非常重要的作用。国内对支持网的研究仍然是研究个体网络特征,并发现该群体社会支持网具有规模小、紧密度高、趋同性强、异质性低、网络资源含量较低等特点。本研究除了证实了上述特点外,还从空间视角探讨了该群体的社会交往特点。

(一) 社会交往空间范围小

外来非正规就业群体的社会交往具有同质性,同乡等是交往的主体；社会交往覆盖的空间范围主要是在居住区附近的一种逐渐强化的交往形式,空间形态上表现出比较集中、密集的状态；还有同家乡的亲戚、朋友等保持着较为密切的联系,体现出社会交往提供的情感价值,形成社会交往空间的"飞地"；对于城市中的普通居民,其以亲缘、血缘关系建立的交往对象要多于外来人员,可以借助普通公交、轨道交通、出租车等大众交通工具,空间范围比外来群体要广泛；城市中的富有阶层,其交往的空间覆盖范围更大,从空间形态上表现出比较离散的状态,而且,社会交往越来越倾向于非空间性,交往也不仅仅受移动和通讯能力得到加强的影响。虽交往空间较为离散,交往关系

却可以达到比较"亲密"的程度。

(二) 社会交往对象同质性强

任何一个人都有可能同时属于几个不同且不重叠的社会网络,每一个网络都具有不同的特征:有些空间边界明显,有些则缺乏空间边界;有些可能是树状结构,有些是网状结构。网络结构有松散联结型也有紧密联结型。外来非正规就业群体网络属紧密联结型。Bell 和 Newby 把社会交往类型划分为传统社区式的交往和单向复杂型交往,被调查的上海外来非正规就业群体的社会交往关系是多元化的,交往的对象既是工作中的同伴也是亲族成员,同时还是休闲时的娱乐伙伴,换句话说,无论是居住还是就业还是娱乐都是这帮人在一起,社会网络呈现紧密结构的特点,亦是社会交往的同质性强。富有阶层交往的对象有血缘、亲缘关系,也有业缘关系,交往人群范围广泛。富有阶层的交往也有同质性的一面,即交往的对象经济角度的同质,即都属于富有人士,并且,在交往中也存在一定的排斥,富有阶层努力使自己交往的对象属于本阶层或更高,他们也希望通过交往为自身创造更大的发展空间和机会,创造更大的向上流动的可能。对比发现,对于外来人员来说,本身交往的同质性和上层对与其交往的排斥造成他们向上流动的困难不断加大。

交往的距离除了物理距离外,还有社会距离。个体之间的社会距离越短,那么他们之间发生某种互动的可能性就越大。人们之间的物理距离越近(居住地接近),发生某种互动的可能性也越大。在社会交往对象的调查中,61%的人主要是与同乡或亲戚朋友为交往对象,其次是同事,而与房东、邻居的交往仅占6.1%。这说明在闵行区这样一个既有大量外来人口又不乏当地居民的地区,外来非正规就业群体虽与当地人物理距离近,但社会距离远,并没有形成互动,与城市市民的融合存在问题,几乎处于一种不来往的状态。

非正规就业群体与其同一社会地位、社会背景的人的社会距离近,同质的互动强;而与城市居民的社会距离远,异质的互动差。

（三）同本地居民的交往有难度

同本地居民的交往是一种异质交往，交往有难度。第一，研究主体对当地人的认识。谈及对上海本地人的态度，有26.3%的人认为不了解上海人，而25.5%的人认为上海人的最大优点是精明。至于上海人最大的缺点，有44%的被调查者认为上海人小气、自私，同样也有26.2%的人认为不了解上海人。这种认识，决定了外地人很难同当地人有很深的交往，反映了他们与本地人交往的心理上的不适应，而心理上的适应才是外来人员真正融入当地社会的标志。第二，歧视的普遍存在。社会歧视（Social Discrimination）是社会领域内群体之间或个体之间表示一种不友好的态度或行为方式。比利格梅尔认为，"社会歧视"这一术语包含两层相互联系的意思：（1）以年龄、性别和其他主观的社会、文化、生理等特征为基础，在社会人群中制造各种令人反感的差别行为；（2）以这些差别行为为基础，有意或无意地用不平等的或蔑视的方式待人。其结果是对某些社会群体、社会成员形成一种剥夺，造成一种不公正的社会现象。[12]调查显示，大多数人员感受到歧视，经常感受到歧视和偶尔感到歧视的比例为66.7%，即占高达2/3的比例。有20%的人员经常感受到当地人的歧视，这些群体的特点是：第一收入不高；第二，女性略高于男性，说明女性相对男性对外界的感知更为敏感。造成歧视的原因主要在于一些畸形的看法，由于户口性质的差异，造成城市居民存在的优越感根深蒂固。歧视是一种社会现象，这种社会现象，在生活、工作中屡见不鲜，如对外来人员问路的冷漠。沃斯对城市生活的社会援助实证研究也表明，"城市居民明显比小城镇居民更为不愿意帮助这些陌生人"，金发碧眼的外国人也是陌生人，会同样受到冷漠吗？时常看见公交车上外地人同本地人的一些言语冲突；上海人不愿意把自己的私有住房租给这些人，就是歧视的外在表现；或者上海人即便是租房给这些人，更多的考虑基于经济的因素，从本身意愿上是不情愿的。这种歧视造成的结果就是该群体的工作机会和事业发展的不平等，诸如经济保障、住房、生活水平、职业和教育培训、法律权利、政治参与等方面的不平等。此外，外来非正规就业人员子女在上海教育机会的不平等也是普遍现象。歧视造成不良影响的延续性更可怕,如外来人员与市民的摩擦与对立的集团意识,成为城市不稳定的矛盾源。虽然比利格梅尔指出,"在特定的社会,社会歧视从传统一直沿袭至今",我们也相信未来社会歧视依然存在,但是最重要的就是如何把歧视造成的不良后果减轻到最小,这是我们的共同目标。调查中有33.2%的人表示没有感觉到当地人的歧视。对该群体的性别、教育程度、职业、户口性质、收入同其他群体比较发现,该群体收入偏高。其他因素差异不明显。

歧视,从文化交流的视角看,造成他们与城市人接触困难,进而难以在文化层面上与城市文明同化和交融。[13] 从社会资源的再分配的视角看,获取城市社会资源的难度加大,难以改变自身生活和工作状况。从社会流动视角看,向上流动困难重重。

(四)交往中的身份认同

身份认同,即人们对自己的看法。"它们比符号化的含义和价值观更为直接,从而使我们的思想和价值观被不停地重新解释、隐藏、逃避和再创造。"艾丽丝·米勒对儿童做的研究表明,儿童为了在他人的需求和渴望中求得一种安全和保险的感觉,将会压制和改变他们自己的情感和感情。虽然外来非正规就业群体为了在上海生存和发展,也在试图改变自己,如一些年轻人说着不太正宗的上海话,所谓的"洋泾浜",穿着和家乡不同与本地人又总是有点不协调的衣服,在语言上和装束上也在朝与这个城市相符的方向努力,目的是"实现自我在城市环境中成功地从事各种活动"。而现实中,在市民眼里,他们是"农民工",既不同于农村的农民,也不同于城市里的工人。一方面他们在城市中打工觅活,社会地位发生了变化,职业身份由农民向市民转变;另一方面现存的社会制度结构却不能给予他们完全的市民待遇和完整的社会福利保障。所以形成了一个特殊的称谓"农民工"。这种身份的形成过程,被固定在城市中的权力关系和物质、政治以及心理资源配置上。

上海是一个国际性大都市,大多在上海生活或工作过一段时间的外地人都普遍认为上海人具有较强的排外心理。有一种说法是:在上海人眼里世界是由三种人构成,即"外国人、上海人、乡下人"。调查结果也证实了这种说法,46.7%的人认为偶尔感到上海人的歧视。同时,33.2%即1/3的被调查者没有感受到上海人的歧视,这同上面对上海人的了解情况调查结合起来,不难得到这样的认识,外来非正规就业群体生活在自己的天地、自己的小圈子里,很多时候他们没有机会接触上海人,自然就不存在感到上海人的歧视问题。这说明他们封闭、隔离的程度高,是城市生活的"陌生人"。调查数据显示,32.3%的外来务工人员认为自己的社会地位处于下层。[14]这一比例远远高于上海市户籍的职工认为自己处于社会下层的比例(18.0%)。此外,还有54.4%的外来务工人员认为自己处于社会的中下层。也就是说,86.7%的外来务工人员认为自己处于社会下层或者中下层。而认为自己处于社会上层或者中上层的外来务工人员为13.3%,上海市户籍职工的这一比例为18.1%。

(五)社会交往的结果不乐观

外来非正规就业群体的社会交往存在社会资本没有明显改观、与市民融合有难度等城市适应的问题。美国社会学家高斯席德在《发展中国家的城市移民》一书中认为:"移民的适应可以界定为一个过程,在这个过程中,移民对变化了的政治、经济和社会环境做出反应。从农村到城市常常包含了这三方面的变化。"[15]

三、政策建议

外来非正规就业群体在城市社会面临生存和发展双重压力,尽管他们对自己的社会关系网积极地维护和投入,但这种努力毕竟有限。通过相关的公共政策引导,创造条件促进该群体之间的交流,如加强厂际联络、创办社区俱乐部等,提供其构建社会网络的平台,降低维护关系网络的成本,从而改变该群体社会网络结构,促进其与城市社区的融合;在此基础上,加强相关部门与该群体的互动与交流,针对不同群体的社会网络结构特征和不同性质的问题,引导新的婚育、生殖健康和养老文化在该群体社会网络中传播,也许是解决相关问题的一条重要途径。

外来非正规就业群体的城市边缘群体特征显著,有一定的流民化倾向。城市边缘群体,在社会学研究中特指在城市化过程中,进城后的农民未能完成城市化,未被城市文化所接纳,只得处在城市文化的边缘。他们身在城市,但自身的文化特征却表现为较强的乡村文化色彩。[16]

第四节 对城市生活方式的适应——留下来还是返回去

对未来的打算,就在上海发展和说不清楚所占比例相当。一方面,说明外来非正规就业群体对上海这个城市看好,也说明他们对城市是适应的;而迷茫者,反映的是当前在上海的就业生活状况并不甚理想。

一、大多外来非正规就业者倾向于在上海发展

调查中,选择该项的人员同其他对比明显。

第一,收入比较高。48.2%的个人收入与家庭月均收入均高于总体均值的人员会倾向于留在上海发展。

第二,性别比大于1,男性高于女性。提到上海,让很多外地人想到上海滩,想到这是一个让人有梦、实现梦想的地方,而现实中,男性相比女性有更强的事业想法、更大的家庭经济责任,也正是这样的想法,同外来的精英相比,他们虽处于弱势,但是同家乡的类似环境的人相比,他们也是"精英",即农村中的精英人士,这促使他们来到上海。

第三,来沪时间的分析,开始的假设是来上海时间越长,对于城市的适应能力越强,想在上海发展的比例大,但调查结果的统计并不是如此。调查发现,刚到上海不到一年或一年的被调查者选择在上海发展的比例最高,达到38.1%,说明这些人员,在上海时间短,对城市很多方面不了解,认为上海

是一个有着很大发展空间的大都市,对上海充满憧憬和向往。

二、也有一定比例的非正规就业者倾向于赚到钱后回家乡发展

有23.1%的受访者选择积累几年后回家乡发展。他们认为,上海是一个可以赚钱的地方,但不是一个适合他们生活的地方。一方面,由于这些人已婚比例高,占57.4%,而且对方在家乡的占有一定比例,如配偶在家乡的比例为28.1%,再就是这些人中子女在家乡的比例高达69.7%,子女在上海生活成本高特别是教育成本高,而且接受教育也难,出于家庭团圆、子女教育的考虑,使他们产生上述想法。另一方面,则是由于他们文化适应能力差,较难实现社会融入。此外,地方性是在特定的地理环境和人类生活方式的影响下形成的,具有本土性和地域特色。地方性对个人发展具有异乎寻常的意义,即流动性的个体对出生和成长的地方怀有强烈的情感,基于这种打算也许会形成一种返乡移民的趋势。笔者原本考虑这种选择应具有和空间距离有关联的一定规律性,即距离上海越远的地区,文化的差异越大,做这种选择的可能越多,但是对东北三省和安徽省的将来打算的对比统计研究发现,距离体现的差异并不明显。

三、在上海和家乡两头跑的"候鸟式"比例较低

仅有7.4%的受访者选择将来两地跑的模式。应该说,目前外来非正规就业群体在上海的工作和生活方式就是这种状态,每逢重要节日,或者农村的农忙季节会返乡,而其他大部分时间则留在上海,"候鸟式"是一种无奈的选择。至于未来的打算,多数人还是不希望这种局面的持续,要么就在上海稳定下来发展,要么赚够钱后回家乡。

四、女性对未来不确定的比例高

对未来不确定的女性占63.7%,职业类型分布中,加工制造业占的比例为55.1%,说明女性以及目前收入低、无专门技能靠体力劳动生存的这些人,

对于在上海生活和工作缺乏信心。

第五节 文化对城市生活方式的影响

在进行上海市外来非正规就业群体的生活方式的研究中,我们发现造成该群体同其他群体的生活方式的差异主要原因之一是收入的差异,但与此同时,我们也可以肯定差异的形成不仅仅是经济原因造成的,还有一个很重要的原因即文化的影响。

文化差异主要体现在:城市文化与农村文化的差异,地域文化差异,不同文化的相互作用产生不同的结果,以及空间与文化存在相互性作用。

何谓文化？文化是生活方式的组成部分。生活方式中包含了价值观、规范以及物质实体。对于外来非正规就业群体娱乐空间、消费空间、社会交往空间的研究,发现文化对其生活方式具有重要的影响。上海作为一个国际性大都市,不同背景的综合使得其在有限的空间内集中了许多不同的文化。不同文化相互作用产生的结果:一是上海作为本土文化对其他文化产生极大的冲击,使来到上海工作的外来人员无论是穿着还是语言等很多方面都效仿本地人,但这种效仿是不完全的,进而产生了文化的混杂;二是文化具有一定的顽固性,根植于人的内在骨子里,当不同文化相互作用时就会产生紧张和冲突,如上海人对外地人的歧视等。社会中文化价值的差异也会带来身份问题。

空间在文化形成中起到重要作用,封闭空间强化了文化的隔离,开放空间有助于文化的融合。同时,文化也影响不同空间的形成,设计者在这里起到重要作用。一方面,设计者的文化特点在很大程度上影响了他们的空间设计;另一方面,设计者在空间设计中还需要考虑到服务对象的需求和期望。不同的服务对象有不同的文化背景、审美偏好和使用习惯,设计者需要深入了解这些因素,以便创造出符合他们需求的空间。

主要参考文献

[1] 王林波.海纳百川 共创和谐 上海外来农民工从生存到融入的发展之路[J].统计科学与实践,2018(11):27-31.

[2] 黄淳.消费经济[M].北京:人民出版社,1994.

[3] 上海社会科学院城市人口所.少年儿童家庭公共服务情况调查问卷的报告[R].2019-12-9.

[4] 李九全,王兴中.中国内陆大城市场所的社会空间结构模式研究——以西安为例[J].人文地理,1997(03):13-19.

[5] Jon Goss. The "Magic of the Mall": an analysis of form, function, and meaning in the contemporary retail built environment. Annals of the Association of American Geographers. 1993, 83(1): 18-47.

[6] 张宛丽,李炜,高鸽.现阶段中国社会新中间阶层的构成特征[J].江苏社会科学,2004(06):100-107.

[7] 曹子玮.农民工的再建构社会网与网内资源流向[J].社会学研究,2003(03):99-110.

[8] 王毅杰,童星.流动农民社会支持网探析[J].社会学研究,2004(02):42-48.

[9] 李培林.流动民工的社会网络和社会地位[J].社会学研究,1996(04):42-52.

[10] 李良进,风笑天.试论城市农民工的社会支持系统[J].岭南学刊,2003(01):83-86.

[11] Van del Poel, Mart G. M. Delineating Personal Support Networks. Social Networks, 1993, 15(1): 49-70.

[12] 吴忠民.歧视与中国现阶段的歧视[J].江海学刊,2003(01):99-106+207.

[13] 王毅杰,王微.国内流动农民研究述评[J].河海大学学报(哲学社会科学版),2004(01):1-6+27.

[14] 齐凌云.上海市外来务工人员的生存状况与政策思考[J].工会理论研究(上海工会管理职业学院学报),2019(04):51-57.

[15] Goldscheider. G. Urban migrants in developing nations. Westview Press, 1983.

[16] 甘满堂.城市外来农民工街头非正规就业现象浅析[J].中共福建省委党校学报,2001(08):62-65+61.

第八章

结　论

　　方兴未艾的城市化进程构成了变化的背景,在这个变化中,经济、人口、社会和文化力量在城市空间中不断地相互作用。人口从数量到结构的急剧变化,促使城市社会空间分化加强。在此过程中,弱势群体是在构建和谐城市、和谐社会中尤其值得关注的群体。通过以非正规就业为就业特征的大城市乡城流动人口群体的社会空间研究,揭示该群体非正规就业与社会空间分化关系是本书的主旨,旨在为该群体在城市中的就业状态由"非正规"走上"正规"之路提供参考;为在社会空间分化的情况下,提高该群体的社会融入及生活质量、避免社会极化提供借鉴。同时,也丰富了城市社会地理学研究内容,为丰实相关理论进行了有益的尝试与探索。

第一节　非正规就业与社会空间分化关系

一、社会空间相关研究本书的关注点

（一）对于社会空间的理解和认识

　　空间不仅仅只是表征一种物理或者地理的空间,而是一种体现差异的空间识别系统,是一个时空闭合的区域,是社会实践发生关系的分区,在空间中存在着社会关系赋予其形式、功能和社会意义的多种可能性;这里的空间表

征着中心与边缘、非均衡发展、区隔、社会空间极化和空间隔离等多种寓意；这里的空间是一个空间生产力系统，是人类生产活动和生活须臾不可离开的因素，人类需要空间、利用空间，人类征服空间利用空间的能力，便是空间生产力。空间生产力是一个系统整体的概念，在其中，各因素相互联系，各因素之间相互结合和运作都是在统一时间开始的，在这里，人们利用空间物质资源进行生产。同时，这里的空间具有社会延展性、可再生产性、超地域性、可消费性和连续性等特点。[1]本书关注的是作为城市社会弱势群体的非正规就业群体的社会空间，即该群体的就业社会实践发生作用的就业空间、居住空间以及反映城市生活方式的其他空间。

（二）场所在社会空间的研究中具有重要的指示意义

CNKI学术定义搜索中从不同的视角对场所有不同的定义，其中之一是：场所是指由使用空间、实质的环境、活动与感觉所组成的完整体，有时还指具有层次的空间领域，它包含着人与环境互动的主题。吉登斯对场所的定义是限定性的：一个物理区域包含一系列的互动，拥有帮助以这种或另外一种方式集中互动的边界。此外，还有一个定义是：场所最初是指人们生活的城市空间，由特定地点与特定的环境组成。特定的地理条件和自然环境，同特定的人造环境构成了场所的独特性，这种独特性赋予场所一种总体的特征和气氛，具体体现在场所使用者的活动方式上。场所的几个定义不尽相同，但其共同之处是都强调了场所是人与环境的互动空间。本研究在居住空间、就业空间以及城市生活方式研究中都通过不同群体的生产生活场所的差异对比，说明非正规就业群体的弱势地位。应用感知形态空间、场所的方法，重视研究诸如意图、感觉和情感等心里感知因素特征。该方法采取解释学（hermenutic）的观点，从经验与经历的角度重视人类体验与解释其周围环境的方式与原理，就可以充分地理解人—环境的相互作用过程。[2]

（三）社会空间分化的结果是造成空间隔离

通过对反映社会空间分化的几个维度指标的研究，发现空间隔离不仅仅体现在居住空间这个主导因子上，而且也体现在社会交往、就业、消费等领域,富有阶层通过方方面面来维护和发展他们的现有的生活方式,形成社会空间的排斥性壁垒。从某种意义上说,空间隔离是一种新的意识形态。隔离的结果是外来非正规就业群体处于弱信息、弱发展机会、弱资源的再生产性状态。

二、非正规就业是社会空间分化的主要影响因子

(一) 非正规就业的人口数量规模足以促使社会空间分化

非正规就业规模大,从业人口数量激增,达到一定规模,占有相当比重,该群体足以在社会空间中占有一席之地。例如,第七次人口普查数据显示,上海市常住人口中,外省市来沪常住人口为 10 479 652 人,占比 42.1%,同第六次全国人口普查的 8 977 000 相比,10 年共增加 1 502 652 人,增长 16.7%。

(二) 就业、居住、消费等是社会空间分化的主要维度,就业是最为基础的维度

就业性质的不同影响收入状况,收入差异导致消费数量和结构的差异;在消费结构中,居住是最大的消费,收入状况决定了居住状况;收入差异,也导致在就业和居住的空间关系上的依赖程度,收入越高,居住对就业的依附程度越低,相反,收入越低,居住对就业的依附程度越高;收入差异,也导致了非正规就业家庭对其子女教育投入的差异,造成社会空间分化的继承性。

在人类生产生活中,从时间的角度来看,就业占据主要部分,就业中由于人们从事不同的工作,工作产生的交往关系而导致不同的社会交往圈;并且由于不同的职业和工作,生活和工作所分配的时间不同,也导致了城市生活方式的差异,非正规就业相对正规就业工作时间长,使消遣方式简单,消遣时间少。

就业的差异还体现在行为空间差异上,非正规就业群体居住位置、就业的场所、消费场所、社会交往的空间范围、对城市空间的认知范围的差异,最终体现出该群体与正规就业群体行为空间的差异。

(三) 非正规就业群体的特征明显,改变了原有社会空间分化的格局

通过对社会空间分化的主要维度的分析,如居住空间、经济状况、家庭状况、人口特征、就业空间以及就业与居住区位关系的分析,都证明了非正规就业群体与社会其他群体的差异性明显,足以形成社会空间中具有明显特征的群体,改变了原有社会空间分化的格局。其结果是原有社会空间的异质性进一步增强。由于外来非正规就业人口的大量涌入,城市主体人群构成的异质化、城市文化的异质化加强,导致城市中存在民族聚居区和基于籍贯的聚居区。

外来非正规就业群体进入城市,总是努力地朝城市生活方式靠近,表现出社会空间趋同化的一面,而且社会空间的主要景观,如都市观念、城市意识、城市心理、城市规章制度、城市节奏、城市形象等在相互的交流和融通中,某些局部的趋同化十分明显。[3]

非正规就业群体内部分化的多元化明显。城市市民的非正规就业和外来人口的非正规就业是非正规就业内部存在的主要的分化,并且分化的多元化态势加强。市民的非正规就业又可划分为下岗工人和刚毕业大学生群体以及自由职业者,连同外来非正规就业群体形成城市中四大主流群体。再加上外来非正规就业群体内部亦存在不同视角的多元分化,如农业户籍和来自其他地区城市户籍的外来流动人口形成基础的两大分类,相比于城市户籍的外来人口,外来农业户籍的流动人口的非正规就业特征更为明显,这就必然促成非正规就业群体内部分化的多元化。

(四) 城市中的身份:外来非正规就业群体是城市中的"另类"

市民身份"是指个人与社会(或国家)之间的关系,这种关系决定着他们是谁、在哪里生活,并由此影响着他们的生活"。西方国家,性别歧视和种族主义渗透到市民身份的概念中,进而渗透到公共领域与私人生活之间的关系以及指导城市建设的社会空间辩证法的核心部分。而在我国,对于外来非正规就业群体的身份认同,户籍制度具有重要的影响。就业的非正规性,居住的暂住证(现在是居住证,只是说法不同),称谓的"农民工",所有这些特殊性

集成在一起,形成外来非正规就业群体的边缘空间、弱势空间。

(五)非正规就业是社会空间和谐的双刃剑

非正规就业的积极意义是减轻贫困、减缓极化的有效途径。城市非正规就业吸纳数量巨大的农村剩余劳动力,非正规就业形式在中国人口城市化过程中起到重大作用。但是由于户籍作用、受教育程度等的限制,他们又在城市中居于弱势地位,其消极意义是造成社会极化、形成新城市贫困,进而影响社会稳定等。

(六)非正规就业状况的趋势

通过多年的发展,为避免社会极化现象的发生,经政府多方努力,非正规就业群体的社会空间状况趋于改善。

1. 外来非正规就业的违法犯罪比例居高不下的状况有所缓解

由于城市的环境压力影响,外来人口聚集区也常常被看作是犯罪高发地区。该群体被称为高危人群。例如2005年1月到10月,每天"110"报警数都超过600起,最高的一天曾达到900起,比2004年同期几乎翻了一番。经统计,闵行区外来人口犯罪占犯罪总量的81%~83%。外来人员由于环境压力大超过人的控制能力,产生认知超载,造成行为失常。C. F.施密德曾提出,犯罪分布同城市社会结构有关,提出社会地位、职业地位、家庭地位等是影响犯罪分布的主要因子,也说明该群体由于社会地位的边缘化等,造成上述事实。现如今,伴随城中村改造等举措,以及外来非正规就业群体在城市的个体素质在提高,法律法规意识增强,过去犯罪高发的状况有所改善。

2. 存在对非正规就业群体的多重剥夺,但趋于改善

非正规就业群体受到的剥夺包括就业、居住、城市资源、资金、教育培训,甚至政策等。政策空洞与调控失控形成剥夺惯性,利益驱动形成剥夺动力和弱势群体透支形成剥夺温床是产生剥夺的成因。剥夺的后果表现为代际流动困难、社会失稳、社会极化。[4]

近年来,随着经济和社会的发展,非正规就业群体的数量不断增长。从

我国现阶段经济发展水平来看,在今后很长一段时间内,非正规就业依然是保障我国城镇就业稳定和劳动者收入来源的重要渠道。[5]针对这种情况,政府和社会各界采取了一系列措施来改善非正规就业群体的处境。例如,政府加强了对劳动法律法规的执行力度,保障了劳动者的合法权益;社会各界也积极开展公益活动,为非正规就业群体提供帮助和支持。

总的来说,虽然非正规就业群体仍然面临一些困难和挑战,但他们的处境正在逐步得到改善。政府、企业和社会各界需要继续共同努力,既要保障非正规就业的生存空间,提高非正规就业者的境遇状况和收入水平,又要着力于促进劳动力结构转型升级和非正规就业"正规化"发展。

第二节　上海市非正规就业与社会空间分化关系的作用机制分析

一、外来流动人口进入城市的机制

(一)基于推拉理论的解释

"推拉理论"(push and pull theory)是研究流动人口和移民的重要理论之一,它认为,在市场经济和人口自由流动的情况下,人口迁移和移民搬迁的原因是人们可以通过搬迁改善生活条件。于是,在流入地中那些使移民生活条件改善的因素就成为拉力,而流出地中那些不利的社会经济条件就成为推力。人口迁移就是在这两种力量的共同作用下完成的。当然,以往的研究也提出,流入地和流出地各自都存在推力和拉力两种因素,即流入地和流出地都同时具有吸引和排斥两方面的作用力;此外,在流入地和流出地之间还有中间障碍因素,比如流入地与流出地之间的文化差异也会对流动产生影响。[6]

1. 农村家庭生产生活推力

我国农村居民普遍面临家庭生产生活方面的经济压力。沉重的经济负担使得农村居民无法通过在家乡从事农业生产来维持家庭生产生活需要,部分农村劳动者不得不割舍亲情,离开故土,到远离家乡和亲人的城市寻找就业机会。

2. 发展机会和生活环境推力

一些人认为,进城就业是有出息的表现,农村缺乏较好的发展机会,不愿意干农活,对农村生活环境不满足,认为"外面的世界很精彩",因而不安心农村生活,期望外出寻求更好的发展机会,寻找更有前途的工作岗位,进入更优裕的生活环境里生活和学习。农村人对于更好的发展机会和生活环境的追求,就会转化成一股不可小视的农村推力。

3. 城市预期收入拉力

外来人口进入城市流动就业的首要目标是获得较高的经济收入,城市预期收入是吸引外来人口进入城市就业的最主要拉力。城市预期工资水平越高,在城市获得就业机会的概率越大,则城市预期收入拉力就越大。

4. 城市发展机会和生活环境拉力

城市中较好的发展机会是吸引农村劳动者进入城市就业的一个重要拉力。城市中的这种发展机会主要表现在几个方面:一是较好的工作和事业发展机会;二是较好的学习机会,在城市工作的同时能够受到现代思想观念熏陶,能够学到更多知识和技能;三是较好的个人生活发展机会。[7]

(二) 城乡差别、沿海与内地差别等推动的城市化进程

1. 城乡差异明显

在城市化进程中,城市通常拥有更多的资源、更优的基础设施,而农村地区则相对落后。这种差别导致了人口从农村向城市流动,寻求更好的生活和工作机会。随着城市化的推进,农村地区的人口逐渐减少,而城市地区的人口不断增加。

2. 沿海与内地差别大

沿海地区和内地地区在城市化进程中也存在差异。沿海地区通常拥有更好的经济条件和更多的发展机会,因此吸引了大量人口流入。相比之下,

内地地区的城市化进程可能较慢,大量劳动力人口会选择迁移到沿海地区进行生活和就业。

(三) 户籍制度和观念的弱化

户籍制度和观念的弱化使得人们能够更加自由地迁移,让更多的人有机会来到上海,促进了城市间的人口流动,为城市的发展提供了更多的劳动力和人才资源。

二、外来人口进入城市后的分化机制

(一) 外来人口基础条件较差

1. 人口素质特点决定就业特点

上海市作为中国最大的城市之一,经济发展迅速,吸引了大量外来人口。非正规就业群体往往来自经济相对落后的地区,他们来到上海寻找更好的生活机会。然而,由于缺乏正规的教育和技能,他们往往只能从事一些低技能、低收入的工作,难以获得稳定的职业和收入来源,这种经济上的差异导致了社会空间的分化,使得非正规就业群体在社会经济地位上处于不利地位。

2. 城乡差别的文化差异

城乡差别的文化差异是社会经济发展不平衡的产物,主要体现在价值观、社会交往、语言、娱乐活动、宗教信仰和教育水平等方面的不同,导致外来非正规就业群体缺乏城市生活经验和社交网络,难以融入城市社会。

(二) 城市主导群体存在一定的排斥和歧视

社会对于非正规就业群体的认可度较低,认为他们缺乏稳定的职业和收入来源,这种社会观念影响了他们的城市融入和社会地位。本地正规就业群体可能对外来非正规就业群体存在排斥和歧视,这使得他们在获取就业机会、社会保障等方面会面临更多的困难。

(三) 存在政策的不平等

存在如住房政策、管理政策、就业优惠政策、培训政策等方面的不平等。

上海在城市规划和政策中,往往更注重本地户籍人口或者说正规就业群体的需求和利益。例如,在住房政策方面,更倾向于为正规就业群体提供住房保障,而忽视了非正规就业群体的需求。这种政策的不平等导致了社会空间的分化,使得非正规就业群体在城市空间中处于边缘地位。

(四) 市场的作用

利益驱动是不同群体对非正规就业群体剥夺造成分化强化的动力。在市场经济条件下,企业和个人都追求利润最大化。为了降低成本、提高效率,一些企业可能会选择雇佣非正规就业群体,因为这些群体往往能够接受较低的工资和福利待遇。这种利益驱动导致了不同群体对非正规就业群体的剥夺。

住房商品化是市场作用的具体体现之一。随着城市化的推进,住房需求不断增加,而土地资源有限。为了满足市场需求,房地产开发商可能会将住房商品化,通过高房价和市场化运作来获取利润。这种住房商品化导致了城市中心地区的房价不断上涨,使得非正规就业群体难以承受高昂的房价,进一步加剧了社会空间的分化。

第三节 优化非正规就业群体社会空间的宏观理念

一、城市社会需要可持续发展

城市社会可持续性定义为:作为一个对人类相互作用、交流和文化发展产生作用的长期生存环境的持续能力,它并不一定与城市中的环境可持续性和经济可持续性联系在一起,虽然这三个领域之间常常存在着关联。一个社会可持续城市的标志是活力、团结和居民共同的地方感。这样的城市以没有公开的或暴力的群体冲突、没有明显的空间隔离和长期的政治不稳定为特征。简言之,城市社会可持续性是关于一个充满活力的城市社会单元长期生存的问题。[8]可持续发展,意识形态上要充分尊重弱势领域、弱势群体的发展权,让弱者不绝望。

二、社会公正问题是构建和谐社会面临的主要问题

社会公正问题,不仅仅是社会学问题,也是任何社会地理学者都不可避免会遇到的问题。哈维在恩格尔之后认识到,公正的概念不仅随时间和地方而变化,而且还因人而异。

对于中国这样的发展中国家,能在经济指标与发达国家相比还存在一定差距的情况下,旗帜鲜明地提出构建和谐社会、倡导社会公平或社会公正,应该说是基于对目前社会和经济发展的理性认识和思考,提出的具有前瞻性的、符合不同社会阶层和群体利益的国家的社会的战略。同时,作为具体操作指标的社会公平,也是化解在改革中所出现的负面社会矛盾的调节器。对于实现社会公正,身份平等比收入平等更重要。

三、实现社会公正,我国政府部门扮演重要的角色

可以通过政策制定,如制定并实施弱势群体发展的普惠政策,给予他们更多的人文关怀。进一步加强制度建设,形成"支强扶弱,公平和谐"的反哺机制,给强者搭桥,给弱者开道。

(一)建立多元化的城市社会保障制度更具可行性

随着城市化的推进,城市社会结构变得越来越复杂和多元,包括不同职业、收入、年龄、教育水平等人口群体的存在。多元化的社会保障制度不仅能够更好地适应这种复杂的社会结构,满足不同群体的需求;而且可以更好地体现社会公平和正义,避免社会保障资源的过度集中和浪费。通过设计合理的社会保障方案,可以确保不同群体都能够享受到相应的社会保障待遇。上海在这方面经过多年实践,已逐渐形成特色:非正规经济的"正规化"趋势加强,这是对市民的非正规就业举措;加强外来非正规就业群体的职业培训,加

强非正规就业的管理、规范、法律保障,提高了社会保障制度的效率和公平性,促进上海市经济发展和社会稳定。

(二)非正规就业的优惠政策,应扩大其受惠对象的范围

非正规就业者通常没有稳定的工作和收入来源,他们面临着较高的风险和不确定性。扩大优惠政策的受惠对象范围,可以让更多的非正规就业者享受到政策的福利,提高他们的生活水平和经济保障能力。在扩大受惠对象范围的同时,也需要考虑政策的可行性和可持续性。政府需要制定具体的政策措施,确保优惠政策的实施能够真正惠及到非正规就业者。

(三)加强推动社会流动

推动社会流动,特别是为非正规就业群体提供向上的通道,是维护社会公平和活力的重要措施。但是,非正规就业群体"向上"困难,特别是外来非正规就业群体的流动更是由于户籍等因素的限制变得难上加难。因此,推动社会流动、提高非正规就业群体的社会地位和生活水平需要多方面包括政府、社会和个人的共同努力。通过改革户籍制度、提高教育和技能培训机会、完善社会保障制度、推动就业市场公平竞争以及加强政策引导和支持等措施,为非正规就业群体创造更多的流动机会和发展空间。

四、实现社会公正,利用城市规划打造和谐空间

城市规划和实施是一个空间再造的过程,有的放矢、合理科学的城市规划,有利于解决以往城市发展中存在的问题,促进和谐空间的形成。因此,从空间扩散的视角,需要客观评价极化带来的影响,推行均衡发展模式。

通过城市规划,实现空间资源配置的公平合理。城市规划的任务就是组织好城市要素的空间布局,形成合理的城市空间结构,以保证城市土地资源配置的效益最大化。

社会空间结构的优化是可持续发展的重要组成部分。探讨城市社会空间的优化不仅需要资源配置公平合理等宏观理念,也需要从微观层面探讨城市社会空间的优化原则。新城市主义也主张"反对蔓延,重整城市,建立真正

的社区",因此,微观上需要坚持城市居住区的可持续发展。所谓社区化原则,其内容包括:(1)和睦的邻里关系。人们关系密切,表现出浓厚的生活气息。(2)认同感和归属感,即人与人的认同感,人对环境的认同感和人对居住地域的归属感等。(3)方便感和安全感。各类生活服务设施和辅助设施齐全,并且形成一个可供共同监视的"可防卫空间"。(4)良好的组织管理系统。在居住区内建立各种组织、管理和服务机构,以此维持居住区的社会稳定,丰富居住区的精神文化生活。[9]

关于社区的建设,学者专家主张不尽相同,但存在两种基本的论调:一种是提倡隔离,另一种是提倡混居。在目前商品房经济形势下,一个社区内的混居是比较难以实现的,但近年来,开发商为了实现更高的利润,充分满足不同群体的需求成为其开发的指导原则,因此,混合居住区的开发和建设越来越普遍,但是对于外来乡城流动人口而言,购买这种价格高昂的商品房不具有现实性和可行性。当我们将空间尺度放大,在更大一点空间范围内实现混居是可行的,例如近年来上海花大力气进行的城市更新,涉及老旧小区改造和城中村改造等,都切实提高了外来非正规就业群体的居住质量。混居可以为非正规就业群体提供就业的便利,也可以为高档居住区的居民提供一些便民服务等,达到一定意义上的"双赢"。

五、实现社会公正,增强国力是根本

尽管很多学者指出造成外来非正规就业群体的社会空间中的弱势地位根本原因在于户籍制度,因此很多人提出取消户籍制度的建议,但笔者认为,在当前我国现有的经济发展阶段,根本原因还是在于国家整体经济实力不强,人口基数大,可提供的福利资源有限。现阶段应采用切实可行、循序渐进的方法,逐步缩小城市市民和外来非正规就业人员的福利差距。我们可喜地看到,上海市政府也正在积极朝缩小差距的方向努力,外来人员的各种保障制度等在逐步完善。

六、提高外来流动人口的就业能力是改善其社会空间地位的有效途径

就业能力的提高，不仅仅是工人自身的事情，而是需要政府、雇主和工人共同承担其社会责任。在这一过程中，政府必须承担其监控和法律制约的责任。以往上海市对于工人就业的保障仅仅是从经济、社会保障方面提出要求，如最低保障金缴纳制度，而在最为重要的建立提高就业能力的培训机制方面却举措有限。因此，未来，一方面，政府需要为工人提供更多的公益性就业培训机会，另一方面，通过法律形式强制雇主对工人进行培训，并对其实现有效监管；而雇主则要履行政府下放的社会责任，努力做好培训工作。加里·贝克尔将就业培训划分为一般培训和特殊培训，一般培训并不能增加企业的收益，在一般培训的过程中，雇主并不支付培训费用，而是工人通过培训期间收入低于正常收入的方式，自己支付了培训费用；特殊培训就是要求雇主支付培训费用，因此，在目前我们提出的雇主提供培训，是指提供特殊培训。

第四节 优化非正规就业群体社会空间的具体对策

一、居住空间问题对策

非正规就业群体中的多数是贫困群体，国外对贫困群体在居住上采取两个主要对策，即独立居住和混合居住，一些国家提出该群体同富有阶层混居的计划项目，研究证实贫困群体居住在富有阶层的社区，对他们有很多潜在的好处，如较好的教育条件、较好的就业机会、安全感增加、更好的居住满足度等。

我们可以采取两方面的对策：一方面，合理规划，在我国大城市，统筹规划建立外来人口居住区是目前较好的办法。另一方面，加强制度建设，推出

对外来非正规就业群体的廉租住房保障制度。

二、就业空间问题对策

(一) 就业服务

加强对外来非正规就业群体的就业培训与指导。外来非正规就业群体在上海工作一段时间后,发现自身的知识和技能较差,在城市就业中的竞争力处于劣势地位;他们也非常渴望提升社会地位、社会层次,即渴望向上流动;再者,上海在就业培训与指导方面提供服务还存在一定的不平等。

提供规范的劳务市场和及时准确的就业信息。在上海劳务市场依然存在不规范现象,私人开设的家政等劳务服务公司较多,管理、服务等很多方面水平不高。非正规就业群体的就业信息获取的渠道并不畅通,存在着信息不对称的问题,因此有必要建立一套有效的就业信息畅通机制。

(二) 劳动权益服务

在维护劳动权益方面,外来非正规就业群体认为,户籍限制是就业的最大障碍,其次是存在部分雇主不能按时足额发放工资,工作延时加班现象也较为普遍。因此,对雇主的管理实行有效的监督机制是解决劳动权益问题的主要途径。

三、日常生活空间问题

构建合理的日常生活空间的一个时间保障:与就业保障相关联的是合理合法的劳动时间。

(一) 健康方面

关注外来非正规就业群体的生殖健康。该群体更希望得到生殖健康、性病防治等知识宣传。外来非正规就业群体由于受教育水平低,生活常识缺乏,特别在生殖健康方面,在大城市生活,他们对于一些性病有所耳闻,也存在担心,但具体的预防、防范措施等不是很清楚,渴望有这方面的知识,能有健康、正常的生活。

非正规就业往往对该群体的身体健康带来不良影响。因此,需要建设良好的就业环境,工作时间有保障,工作环境污染少;业余时间通过提供免费健身空间使该群体可以经常参加体育锻炼,增强体质;再就是政府部门提供有效的医疗保障。

有学者提出,户籍制度从本质上看是一种"社会屏蔽"(social closure)制度,即它将社会上一部分人屏蔽在分享城市的社会资源之外。[10]从农村进入到城市,生产、生活方式的改变,给该群体的社会认知、城市适应带来巨大挑战,在关注身体健康的同时,心理健康也不容忽视。

(二) 消遣空间

丰富业余生活,加强同社区居民的融合,社区在关心该群体上要有针对性地开展一些共建活动,扩大该群体的视野等。

(三) 交往空间

进入人群多样化的城市,同农村相比较,该群体交往空间的异质性增强,社会融入度较低。通过信息交流平台、社区支持网络、技能培训提升、社交网络拓展和心理健康关怀等对策,为非正规就业群体创造更好的交往空间和发展环境,促进他们的社会融入和生活质量的提升。

(四) 消费空间

提高收入是重要前提条件,保障最低收入,针对有一定收入,但消费结构和城市市民差距较大的情况,应该建立一种引导机制,改变消费观念,引导其合理消费。

四、子女教育问题对策

(一) 避免极化以及分化的代际延续,为非正规就业群体的子女提供相对公平的教育机会是有效途径

目前,上海对外来务工人员子女教育实行的政策是:需要提供孩子和大人的原籍户籍证明、家长在上海的打工证明,以综合保险缴纳为准,至少一年以上在上海的居住证明房产证、租房证明等,家长和孩子的上海市居住证,有

效期至少一年,且在有效期内的,孩子的预防接种证,不少区县需要提供原籍政府出具的无法在原籍接受义务教育的证明,都要原件、复印件,由居住证所属区县受理安排。可见,与回原籍就读和进入民工子弟学校相比,该群体子女的教育条件改善了很多。

(二) 提供反哺机制

增加其子女的培训机会、提供更多信息等。

第五节　进一步工作设想

本研究工作研究的对象主要是针对上海市外来非正规就业群体,对其开展实证研究具有一定的代表性,但具有不完整性,因此上海市民的非正规就业相关内容的研究是进一步需要开展的工作,特别是该群体的就业与居住区位关系的研究是重点。

研究方法上由于数据的限制,社会空间分化影响因子的层次分析法和因子分析法结合的研究,即通过数据构建社会空间分化影响因子的模型仅仅停留在思考的层面,是可以继续进行的研究。

主要参考文献

[1] 潘泽泉.社会空间的极化与隔离：一项有关城市空间消费的社会学分析[J].社会科学,2005(01)：67-72.

[2] 李九全,王兴中.中国内陆大城市场所的社会空间结构模式研究——以西安为例[J].人文地理,1997(03)：13-19.

[3] 林耿.广州市社会空间景观形态演化初探[J].地理学与国土研究,2001(01)：31-36.

[4] 方创琳,刘海燕.中国城市化进程中的区域剥夺行为与协控路径[C]//中国地理学会,兰州大学,中国科学院寒区旱区环境与工程研究所,西北师范大学,中国科学院地理与资源研究所.中国地理学会 2006 年学术年会论文摘要集.[出版

者不详],2006:1.
[5] 王庆芳,郭金兴.非正规就业者的境况得到改善了么?——来自1997—2011年CHNS数据的证据[J].人口与经济,2017(02):116-126.
[6] 李强.影响中国城乡流动人口的推力与拉力因素分析[J].中国社会科学,2003(01):125-136+207.
[7] 邹新树.农民工向城市流动的动因:"推—拉"理论的现实解读[J].农村经济,2005(10):104-109.
[8] Oren Yiftachel, David Hedgcock. Urban social sustainability: The planning of an Australian city. Cities, 1993, 10(2): 139-157.
[9] 宁越敏,查志强.大都市人居环境评价和优化研究——以上海市为例[J].城市规划,1999(06):14-19+63.
[10] 李强.当前我国城市化和流动人口的几个理论问题[J].江苏行政学院学报,2002(01):61-67.

后　记

书稿终稿完成之际，如释重负。感谢我的导师人口学领域专家、知名学者丁金宏先生，先生为研究提供了诸多宝贵意见和专业指导。感谢这座走在改革开放前沿的国际都市，有幸学习、工作、生活其中，使我亲历其日新月异的变化，目睹城市化进程中这里形形色色的人群。自然，该城市为本研究提供了重要的观察、调研和实践场。多年来，周末的午后，自己常常徜徉在城市的大街小巷，留恋于城中村、中心城区老旧小区，手机相册记录了这些地方不同时间的不同光景，观察体会那些隐藏在高楼大厦背后的人及其关联的事，引发更多的思考。感谢调研中那些愿意配合吐露心声、讲述故事的受访者。感谢我的研究生、本书的合作者郭睿，一起调研、研讨的日子历历在目，其勤勉、努力与好学，尤其是极强的行动力是书稿最终得以完成的重要推力。也感谢研究生任静在文献方面所做的工作。感谢上海社会科学院出版社编辑杨国老师，其耐心细致的工作、中肯的修改意见，使书稿得以不断完善。感谢网络时代，共享的文献与数据，为书稿提供思想启迪与论证支持，在此对涉及的所有老师、同行及朋友一并致谢。最后，感谢一直支持我的家人，一切尽在不言中。

图书在版编目(CIP)数据

大城市流动人口非正规就业与社会空间分化研究／孟庆洁，郭睿著 .— 上海：上海社会科学院出版社，2024
　ISBN 978-7-5520-4283-2

　Ⅰ.①大… Ⅱ.①孟… ②郭… Ⅲ.①大城市—城市人口—流动人口—就业—研究—中国　Ⅳ.①D669.2

中国国家版本馆 CIP 数据核字(2023)第 244085 号

大城市流动人口非正规就业与社会空间分化研究

著　　者：孟庆洁　郭　睿
责任编辑：杨　国
封面设计：黄婧昉
出版发行：上海社会科学院出版社
　　　　　上海顺昌路 622 号　邮编 200025
　　　　　电话总机 021-63315947　销售热线 021-53063735
　　　　　https://cbs.sass.org.cn　E-mail:sassp@sassp.cn
排　　版：南京展望文化发展有限公司
印　　刷：浙江天地海印刷有限公司
开　　本：710 毫米×1010 毫米　1/16
印　　张：12.75
字　　数：180 千
版　　次：2024 年 5 月第 1 版　2024 年 5 月第 1 次印刷

ISBN 978-7-5520-4283-2/D·715　　　　　　定价：68.00 元

版权所有　翻印必究